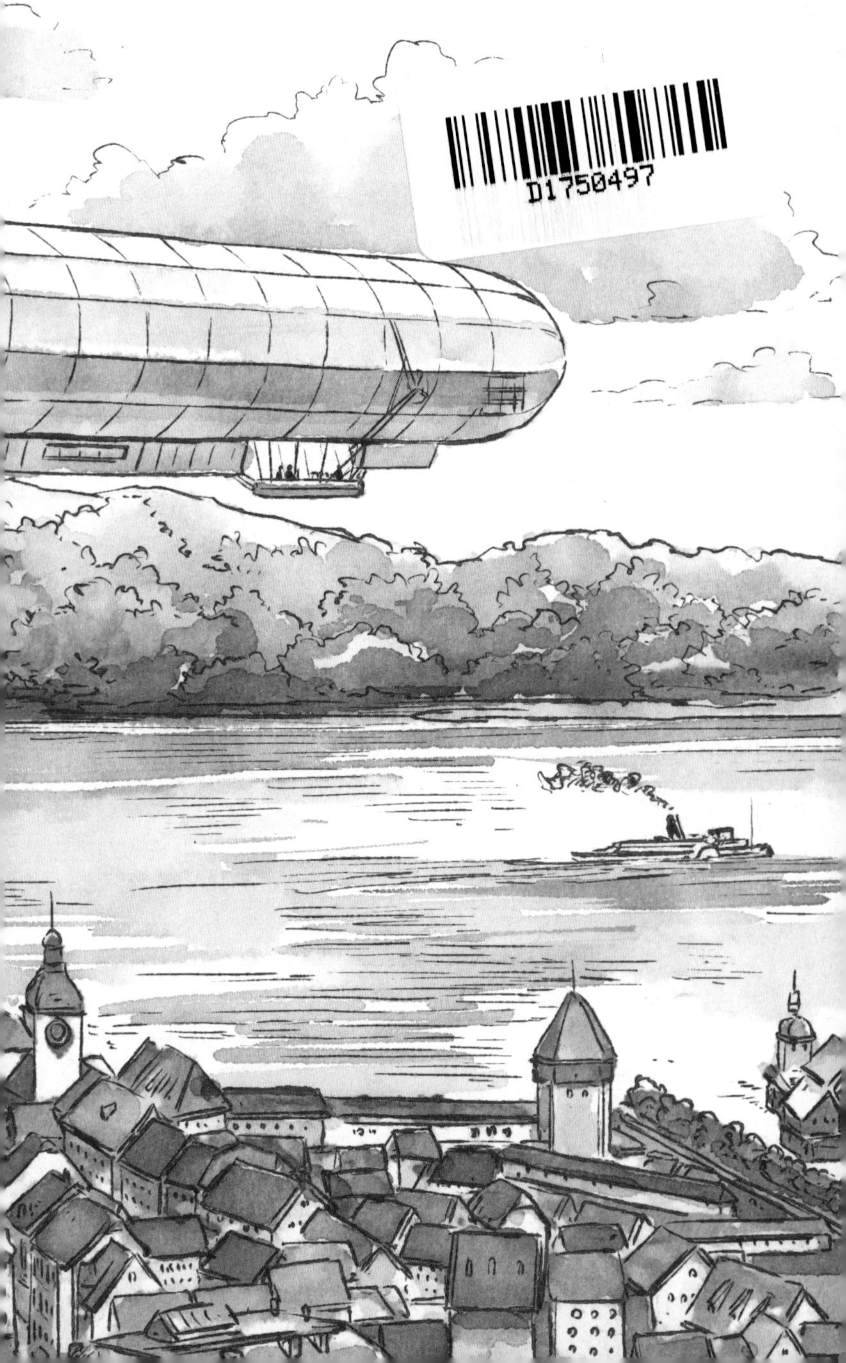

Annette Neubauer
Tatort Forschung · Sabotage auf dem Luftschiff

**Ratekrimis mit Aha-Effekt
aus der Reihe Tatort Forschung:**

· Der gestohlene Geigenkasten
· Ein Fall für den Meisterschüler
· Anschlag auf die Buchwerkstatt
· Das Geheimnis der Dracheninsel
· Verrat unterm Sternenhimmel
· Explosion in der Motorenhalle
· Alarm im Laboratorium
· Im Bann der Alchemie
· Der Fluch von Troja
· *Sabotage auf dem Luftschiff*

TATORT FORSCHUNG

Annette Neubauer

Sabotage auf dem Luftschiff

Illustrationen von Joachim Krause

Loewe

Zu diesem Buch steht eine Lehrerhandreichung
zum kostenlosen Download bereit unter:
http://www.loewe-verlag.de/paedagogen

Für Felix

FSC
Mix
Produktgruppe aus vorbildlich
bewirtschafteten Wäldern und
anderen kontrollierten Herkünften

Zert.-Nr. GFA-COC-001223
www.fsc.org
© 1996 Forest Stewardship Council

ISBN 978-3-7855-6973-3
1. Auflage 2010
© 2010 Loewe Verlag GmbH, Bindlach
Umschlagillustration: Joachim Krause
Umschlagfoto: gettyimages/Atommodell
Printed in Germany (003)

www.loewe-verlag.de

Inhalt

Die silberne Zigarre 11
Eine gigantische Herausforderung 23
Die schwimmende Montagehalle 31
Geheimnisvolle Schritte 42
Ein Verräter........................... 50
Ein gefährlicher Plan 59
Der Riese erhebt sich 69
Unfreiwillige Landungen 81
Ein schwarzer Tag...................... 90
Die Entführung 99

Lösungen............................ 109
Glossar 112
Zeittafel 115
Ferdinand Graf von Zeppelin
und die Luftschifffahrt 117

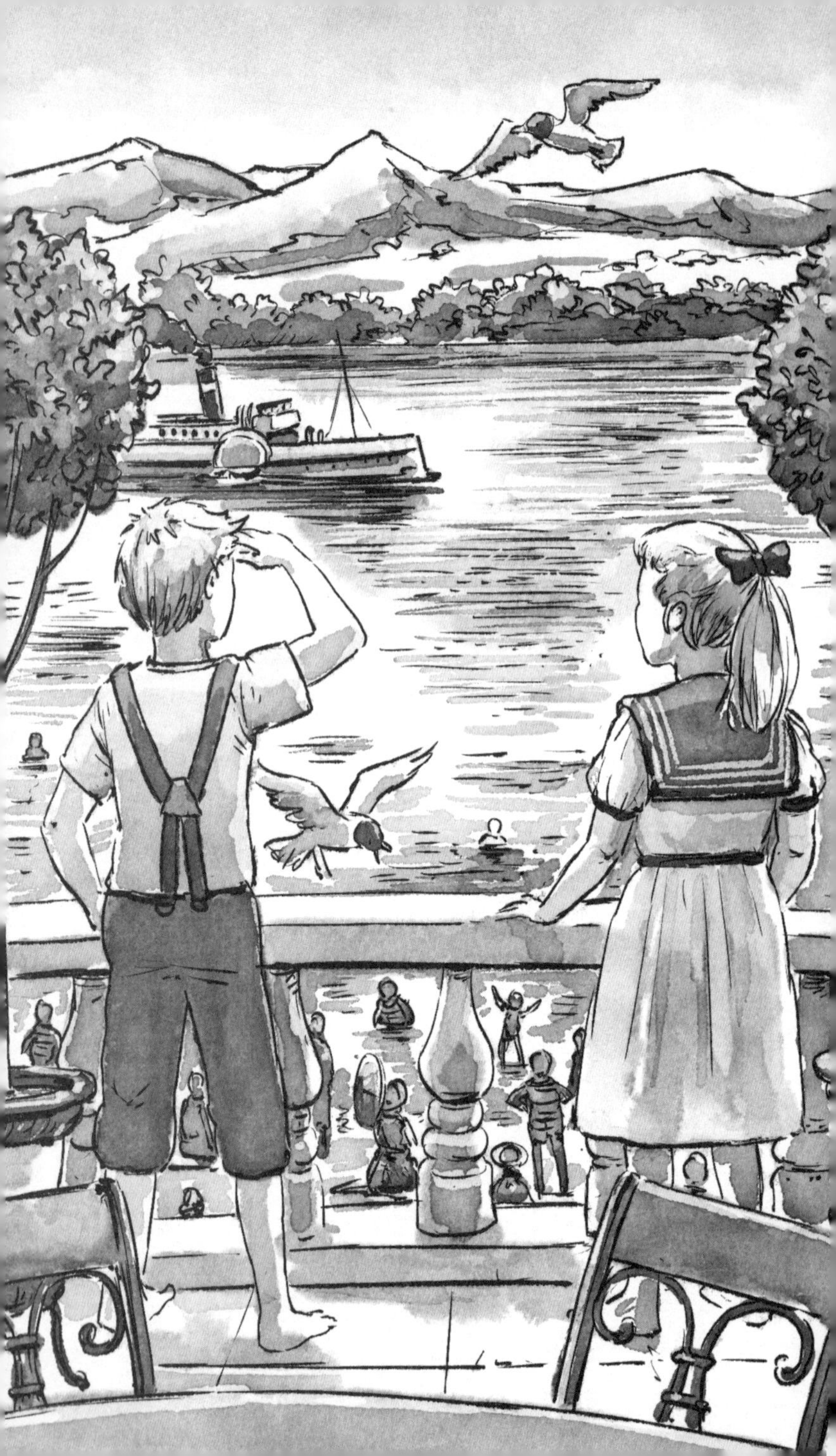

Die silberne Zigarre

„Wahnsinn! Ist das schön hier!" Heinrich lehnte sich an die Brüstung der Terrasse und hielt sich die Hand schützend über die Augen. Es war ein heißer Sommertag. Die Sonne stand am wolkenlosen Himmel und die Luft flimmerte in der Mittagshitze. Trotz seiner kurzen Hosen und dem kurzärmligen Hemd merkte er, wie ihm der Schweiß den Rücken hinunterlief.

„Hier ist es ja fast wie am Meer", meinte seine Schwester Eva, die neben ihm stand. In ihrem weißen Baumwollkleid mit dem blauen Matrosenkragen war sie bereits passend für den Strand gekleidet. Ihre langen blonden Haare hatte sie lose zu einem Pferdeschwanz zusammengebunden. Wie Heinrich ließ sie ihren Blick zum Horizont schweifen.

„Blaues Wasser, blauer Himmel und die Schweizer Alpen im Hintergrund", stellte sie zufrieden fest. Als ob sie dem Mädchen zustimmen wollte, kreischte eine Möwe, die über dem Strand flog und nach Futter Ausschau hielt, laut auf.

„Man sieht schon, dass der Bodensee der größte See in Deutschland ist", stellte Heinrich fest. „Ein toller Ort, um Ferien zu machen. Hier können wir jeden Tag schwimmen und angeln."

„Eva! Heinrich! Das Essen ist fertig!", hörten sie die Stimme ihrer Tante hinter ihnen. Der Speisesaal lag direkt an der Terrasse. Die Flügeltüren standen weit offen und helles Licht durchflutete das elegante Zimmer mit dem großen, ovalen Tisch und dem silbernen Leuchter.

„Ich habe ordentlich Hunger", sagte Heinrich und drehte sich zum Haus. Auch Eva merkte, dass ihr der Magen knurrte. Maria, die Haushälterin, stellte gerade einen Teller mit gebratenem Fisch auf die weiße Decke, während Tante Isabella eine Schüssel mit Kartoffeln in die Tischmitte rückte. Jetzt hob sie den Kopf und lächelte ihre Nichte und ihren Neffen auffordernd an. „Greift zu!"

Die Geschwister nahmen Platz und Heinrich zog gleich die Platte mit dem Fisch zu sich. „Mmh! Sind das gebratene Forellen?"

„Das ist eine Spezialität aus der Region!" Tante Isabella strich ihr Kleid glatt und setzte sich an den Tisch. „Es sind Felchen aus dem Bodensee. Sie schmecken wunderbar." Die Tante schob die Kartoffeln näher zu Eva. „Nehmt euch! Nach der langen Reise seid ihr sicher hungrig."

Eva konnte kaum glauben, dass sie noch heute Morgen bei ihren Eltern in Ravensburg gewesen waren. Ihre Mutter hatte sie zur Eisenbahn gebracht und sie mit unzähligen Ermahnungen verabschiedet. Aber die Geschwister hatten ihr vor Aufregung kaum zugehört. Zu sehr freuten sie sich auf die bevorstehende Fahrt und die Ferien.

Jetzt strahlte Eva ihre Tante an. „Es ist wunderbar hier. Was für ein Glück, dass ihr die Sommermonate in diesem schönen Haus in Friedrichshafen verbringen könnt."

„Ja, es trifft sich wirklich gut, dass unser Freund Hans für ein paar Wochen in der Schweiz ist und wir solange in seiner Villa wohnen dürfen", stimmte Isabella zu und breitete ihre Serviette aus. „Hans ist übrigens ein großer Bewunderer von eurem Onkel", fügte sie mit einem gewissen Stolz hinzu. „Obwohl selbst Hans in letzter Zeit ..." Isabella verstummte mitten im Satz.

„Was wolltest du sagen?", fragte Heinrich nach.

„Ach, nichts", erwiderte die Tante knapp und nahm das Besteck in die Hand.

„Wo bleibt eigentlich Onkel Ferdinand?", fragte Eva, die sich Salat auf ihren Teller häufte. „Wollte er nicht zum Mittagessen kommen?"

Isabellas Gesicht sah auf einmal sorgenvoll aus. „Ferdinand ist so beschäftigt wie noch nie in seinem Leben. Und das will was heißen, wie ihr wisst."

Heinrich und Eva blickten ihre Tante aufmerksam an. Sie kannten ihren Onkel als lebhaften Mann voller Ideen und Tatendrang. Seine Energie erfüllte jeden Raum, den er betrat. Er lebte und arbeitete für seinen

Traum, ein funktionsfähiges Luftschiff zu bauen, das sich anders als die Heißluftballons lenken ließ. Das Luftschiff, an dem ihr Onkel momentan arbeitete, war in einer riesigen Halle im Nachbarort Manzell untergebracht.

„Gibt es Schwierigkeiten mit dem Bau des neuen Luftschiffes?" Eva schaute Isabella mitfühlend an.

Tante Isabella wischte sich leicht über die Stirn, als wolle sie unliebsame Gedanken vertreiben, seufzte leise und schüttelte fast unmerklich mit dem Kopf. „Nein, nein. Ich bin sicher, dass dieses Mal alles klappen wird. Es ist ein großartiges Luftschiff, das durch die Wolken gleitet wie eine riesengroße silberne Zigarre."

„Ist Onkel Ferdinand denn schon damit geflog... ich meine, gefahren?", fragte Heinrich. Er hatte sich noch nicht daran gewöhnt, vom Zeppelin wie von einem fahrenden Schiff zu sprechen.

„Oh ja! Ferdinand hat letzten Monat bereits die Schweiz überquert. Und stellt euch vor: Selbst das württembergische Königspaar ist schon mit dem Luftschiff gefahren." Tante Isabella schaute mit ihren klaren hellen Augen abwechselnd zu Heinrich und Eva. Dann trübte sich plötzlich ihr Blick. Sie schloss die Augen und rieb sich mit beiden Handflächen über das Gesicht. „Wisst ihr, es ist nur so, dass ich manchmal ..."

Bevor ihre Tante den Gedanken aussprechen konnte, öffnete sich mit Schwung die Tür. Ein kleiner untersetzter Mann kam herein. „Mahlzeit!", grüßte er, nahm seine weiße Kapitänsmütze vom Kopf und warf sie auf den Kleiderständer.

„Onkel!", rief Eva. Sie sprang auf und fiel ihm in die Arme. Ferdinand Graf von Zeppelin lachte laut über die herzliche Begrüßung seiner elfjährigen Nichte, während ihr zwei Jahre älterer Bruder ungeduldig wartete, bis sein Onkel auch ihn begrüßte und ihm herzlich auf die Schulter klopfte. Der stattliche Mann zwirbelte an seinem weißen Schnurrbart. Heinrich, der jedes Mal an ein Walross denken musste, wenn er seinen Onkel nach langer Zeit wiedersah, musste unwillkürlich lächeln.

„Wie schön, dass ihr hier seid!", rief der Graf mit seiner vollen, tiefen Stimme. „Endlich ist Leben im Haus! Seitdem unsere Tochter Hella geheiratet hat und zu ihrem Mann gezogen ist, ist es viel zu ruhig geworden."

Dann wandte er sich zu Isabella, die ihn liebevoll anblickte.

„Hier riecht es ja wieder wunderbar, meine Teure!" Der Graf drückte seiner Frau einen Kuss auf die Wange und ging zum anderen Ende des Tisches. Mit einem Plumps ließ er sich auf den freien Stuhl zwischen Heinrich und Eva fallen. „Guten Appetit!", wünschte er, nahm die Schüssel und schaufelte sich einen Berg Kartoffeln auf den Teller.

Während des Essens erkundigte sich der Onkel nach den Eltern von Heinrich und Eva. Er wollte alles wissen: Ob sie gesund seien, wie die Auftragslage in der Firma sei, wann denn die Eltern endlich Urlaub machten ... Heinrich und Eva hätten ihren Onkel zu gerne gefragt, ob sie in den nächsten Tagen einmal mit dem Luftschiff fahren dürften. Aber dazu bekamen sie keine Gelegenheit. Als der Nachtisch aufgegessen war, stand der Graf abrupt auf.

„Ich muss jetzt wieder zurück zur Montagehalle", erklärte er und schritt zum Garderobenständer. „In ein paar Tagen werden wir den längsten Flug mit dem Luftschiff zurücklegen, den je ein Mensch gemacht hat."

„Willst du nicht wenigstens noch einen Kaffee trinken?", fragte Isabella. „Du arbeitest viel zu viel!"

„Da hast du wie immer recht", gab der Graf zu. Er zögerte jedoch keine Sekunde, sondern setzte sich seine Kapitänsmütze auf und griff nach der Türklinke. „Ich werde heute früh zurück sein und wir verbringen einen schönen Abend miteinander."

Isabella schaute ihm zweifelnd nach, als er durch die Tür verschwand. Die Falte zwischen ihren Augenbrauen trat jetzt deutlich hervor. Dann wandte sie sich Isabella und Heinrich zu und bemühte sich zu lächeln. „Was habt ihr beiden vor? Wollt ihr bei dem schönen Wetter nicht zum Strand?"

„Juhu! Das ist ein toller Vorschlag!", freute sich Eva. „Wir gehen schwimmen!"

„Kommst du auch mit?", fragte Heinrich seine Tante.

„Mir ist es zu heiß", erklärte Isabella abwehrend. „Ich setze mich lieber in den Schatten und lese. Wollt ihr vielleicht auch ein Buch mitnehmen?"

„Gerne!", antwortete Heinrich. Eva nickte zustimmend.

„Die Bibliothek ist direkt gegenüber", erklärte Isabella und zeigte auf die noch offen stehende Tür zum Flur. „Nun geht schon und genießt das Wetter."

Eilig standen Heinrich und Eva vom Tisch auf und liefen in die Bibliothek. Sie staunten, als sie die hohen Regale sahen, die über und über mit Büchern vollgestopft waren. In einer Ecke befand sich ein gemütlicher Schaukelstuhl mit einem kleinen Holztisch. Auf ihm stand ein Aschenbecher mit einer Zigarre. Daneben lagen ein dickes Buch und ein goldener Füllfederhalter.

„Sieht so aus, als ob hier der Lieblingsplatz von Onkel Ferdinand ist", meinte Heinrich.

Er griff automatisch nach dem Buch und blätterte darin herum. „Natürlich! Unser Onkel beschäftigt sich mit den physikalischen Eigenschaften von Gas. Schließlich ist es Gas, das für den Auftrieb des Luftschiffs sorgt und es in der Luft trägt", erklärte er Eva.

„Zeig mal her!", sagte seine Schwester neugierig und griff nach dem Buch. Als sie es Heinrich aus der Hand nehmen wollte, rutschte es aus ihren Händen und fiel auf den Boden. Dabei flatterte ein Zettel heraus. Eva hob ihn auf und schaute unwillkürlich auf die handgeschriebene Notiz.

„Was unser Onkel wohl geschrieben hat?", fragte sie gespannt. „Ob es um den Bau des Luftschiffs geht? Seine Schrift ist wirklich scheußlich." Eva hielt Heinrich den Zettel hin. Gemeinsam betrachteten sie die Nachricht und schafften es, die Sätze zu entziffern.

? *Was steht auf dem Zettel?*

Eine gigantische Herausforderung

„Was bedeutet das nur?", fragte Eva. „Das klingt ja ganz schön geheimnisvoll."

Heinrich zuckte ratlos mit den Schultern. „Onkel Ferdinand und Tante Isabella scheinen große Geldsorgen zu haben." Er fuhr sich nachdenklich mit den Fingern durch die dunklen Haare. „Vielleicht ist unsere Tante deswegen so bekümmert."

„Offensichtlich wollte Onkel Ferdinand seine Tochter Hella nicht beunruhigen und hat sich im letzten Moment überlegt, den Brief doch nicht zu Ende zu schreiben", überlegte Eva laut.

„Bestimmt hat sich unser Onkel mit der Luftschifffahrt vollkommen übernommen und sein gesamtes Vermögen investiert", erwiderte Heinrich und schüttelte den Kopf. „Er ist doch schon seit Jahren besessen von seinem Vorhaben."

Eva steckte das Papier wieder sorgfältig zwischen die Seiten, klappte das Buch zu und legte es an seinen Platz zurück.

„Weshalb hat unser Onkel eigentlich so große Befürchtungen, dass der geplante Flug nicht klappt?", fragte Heinrich nachdenklich und steckte die Hände in die Hosentaschen. „Es ist schließlich nicht das erste Luftschiff, das er gebaut hat."

„Hat Mama nicht einmal erwähnt, dass seine bisherigen Versuche fehlgeschlagen sind?" Eva ging zum Regal. „Jedenfalls haben wir eben etwas gelesen, das nicht für uns bestimmt war. Lass uns ein Buch aussuchen und zum Strand gehen. Ich fühle mich gar nicht mehr wohl in der Bibliothek. Als ob wir etwas Verbotenes getan hätten."

„Fremde Briefe zu lesen ist wirklich nicht richtig", gab Heinrich unwillig zu, stellte sich neben Eva und zog einen Bildband über den Bodensee aus dem Regal. Nachdem beide etwas Passendes gefunden hatten, stürmten sie auch schon die Treppenstufen zu ihrem Zimmer hinauf. Schnell zogen sie sich um, warfen ihre Badesachen in große Umhängetaschen und waren kurze Zeit später wieder unten, um sich von ihrer Tante zu verabschieden. Isabella lag auf einem Liegestuhl, wedelte sich mit einem Fächer Luft zu und wünschte den Geschwistern viel Spaß.

Der Strand lag nur einige Meter von der Villa entfernt. Er war völlig überfüllt. Urlauber und Einheimische lagen dicht an dicht in der Sonne, spielten Ball, aßen Eis oder kühlten sich im Wasser ab. Nachdem die Geschwister eine freie Stelle gefunden hatten, breiteten sie ihre Handtücher aus, zogen ihre Badesachen an und liefen in den See.

„Ist das schön hier drin!", rief Eva und schwamm ein paar Züge. Auch Heinrich genoss das kühle klare Wasser. Nachdem sie sich ausgetobt hatten, gingen sie wieder zu ihrem Platz. Sie legten sich auf den Bauch und begannen zu lesen. So verging der Nachmittag.

„Der alte Zeppelin ist doch total übergeschnappt. Vollkommen größenwahnsinnig!", hörte Eva auf einmal einen jungen Mann auf einer Bastmatte neben sich sagen. Eva stieß ihren Bruder leicht mit dem Ellenbogen in die Seite. Aber auch Heinrich hatte bereits aufgehorcht und lauschte.

„Also, ich bewundere seinen Mut und seine Ausdauer", antwortete jetzt die Frau neben ihm, die ein halblanges dunkles Badekleid und einen Strohhut trug. „Es muss ein himmlisches Gefühl sein, in solch einem Giganten zu fliegen."

„Du würdest dich glatt in dieses Teufelsding setzen." Ihr Freund wischte sich mit einem Taschentuch den Schweiß von der Stirn. „Dabei weißt du genauso gut wie ich, dass das erste Luftschiff des Grafen auf dem Bodensee hängen geblieben ist und sein zweites Luftschiff vom Sturm zerfetzt wurde."

„Angeblich wurde sein drittes Luftschiff vom Militär gekauft", wandte seine Freundin ein. „Ich stelle es mir wunderbar vor, die Welt von oben zu sehen und schwerelos über die Berge und Wälder hinwegzuschweben."

„Mich kriegt kein Mensch in so einen Koloss!", sagte der junge Mann voller Überzeugung und sprang auf. „Aber lass uns nicht streiten. Komm lieber mit mir ins Wasser." Er reichte seiner Freundin die Hände und zog sie hoch. Wenig später waren die beiden lachend im See zwischen den anderen Badegästen verschwunden.

Heinrich legte das Buch zur Seite und sah auf einmal sehr nachdenklich aus. „Jetzt wissen wir, warum Onkel Ferdinand Geldprobleme hat", stellte er an seine Schwester gewandt fest.

„Es ist also bereits der vierte Zeppelin, den er baut", stimmte Eva entsetzt zu. „Kein Wunder, dass sich Tante Isabella Sorgen macht. Ein einziges Luftschiff kostet schon ein Vermögen. Stell dir vor, wie viel Material er benötigt. Dazu kommen die Löhne für seine Angestellten."

„Allein die Baukosten für die Montagehalle, in der das Luftschiff gebaut wird, müssen riesig sein." Heinrich runzelte die Stirn.

„Wie spät ist es eigentlich?" Eva stopfte ein Handtuch in ihre Badetasche. „Wahrscheinlich ist es schon Zeit fürs Abendessen."

Auch Heinrich sammelte seine Sachen ein. Dann schlenderten sie schweigend zurück zum Haus.

„Eva! Heinrich!", rief ihnen Onkel Ferdinand von der Terrasse aus entgegen, als er seinen Neffen und seine Nichte auf das Haus zukommen sah, und winkte ihnen zu. „Ich habe mir den Abend für euch freigenommen."

Eva und Heinrich beschleunigten ihren Schritt und standen bald neben ihrem Onkel, der in einem Korbsessel Platz genommen hatte. Auf seinen Knien lag ein Heft mit Zahlen und Formeln.

„Setzt euch zu mir." Onkel Ferdinand zeigte auf zwei freie Stühle.

„Was berechnest du denn da?", fragte Heinrich interessiert und warf seine Badetasche achtlos unter einen Glastisch. Der Graf zögerte einen Moment, bevor er antwortete. „Ich will ehrlich zu euch sein. Der bevorstehende Flug ist enorm wichtig für mich. So ein Luftschiff zu bauen kostet sehr viel Geld." Der Graf zündete eine Zigarre an und hielt inne, als ob er nach den richtigen Worten suchen müsste. Heinrich und Eva tauschten einen vielsagenden Blick aus.

„Nun hat die Luftschifffahrt für die technische Entwicklung eines Landes hohe Bedeutung. Deswegen will die Regierung mein Vorhaben unterstützen. Allerdings stellt sie große Erwartungen an die Flugleistungen eines Luftschiffs. Es muss 700 Kilometer in 24 Stunden zurücklegen!"

In dem Moment schellte das Telefon. „Entschuldigt mich bitte. Das wird der Minister sein", sagte der Graf und stand auf. Bevor er ins Haus ging, legte er sein Heft offen auf den Tisch. Heinrich schaute auf die ordentlich angeordneten Zahlen und brauchte nur einen Moment, bis er die Lösung wusste.

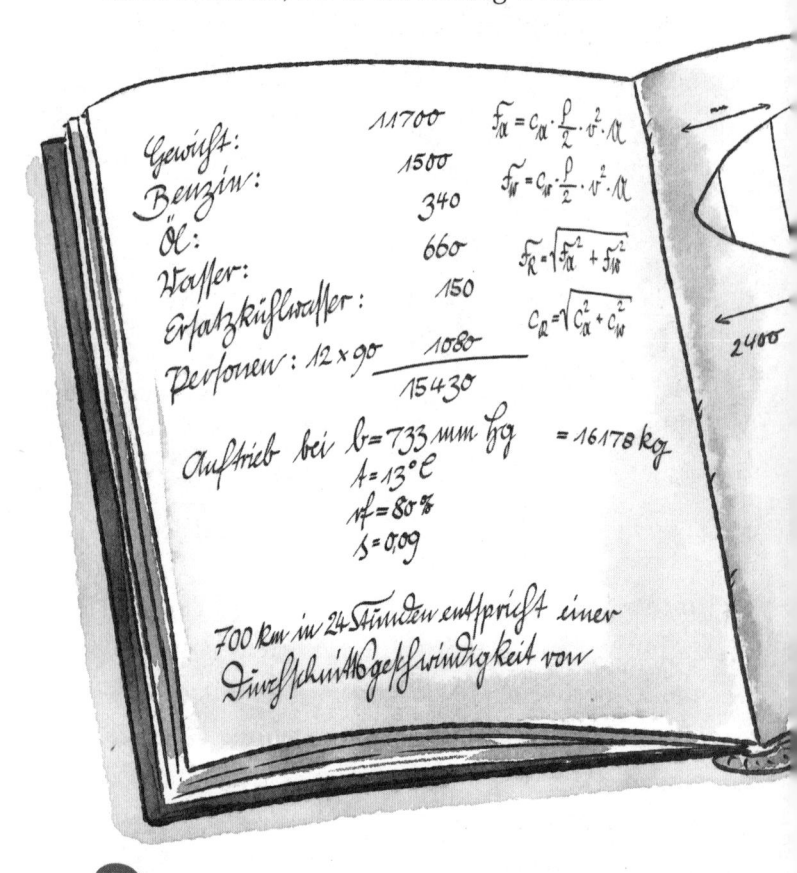

Gewicht: 11700 $F_a = c_a \cdot \frac{\rho}{2} \cdot v^2 \cdot A$

Benzin: 1500 $F_w = c_w \cdot \frac{\rho}{2} \cdot v^2 \cdot A$

Öl: 340

Wasser: 660 $F_R = \sqrt{F_a^2 + F_w^2}$

Ersatzkühlwasser: 150

Personen: 12 × 90   1080 $c_R = \sqrt{c_a^2 + c_w^2}$

                   15430

Auftrieb bei $b = 733$ mm Hg   = 16178 kg
               $t = 13°C$
               $rf = 80\%$
               $\delta = 0{,}09$

700 km in 24 Stunden entspricht einer Durchschnittsgeschwindigkeit von

? *Wie hoch muss die Durchschnittsgeschwindigkeit des Luftschiffs sein?*

Die schwimmende Montagehalle

Etwas später kam der Graf mit Isabella im Arm zurück auf die Terrasse. "Stellt euch vor: Das Deutsche Reich will mein gesamtes Unternehmen kaufen!", verkündete Onkel Ferdinand und strahlte über das ganze Gesicht. "Und zwar für über zwei Millionen Reichsmark."

"Wahnsinn!", brachte Heinrich nur heraus.

"Ich habe immer daran geglaubt, dass du Erfolg haben wirst", sagte Isabella glücklich und küsste ihren Mann auf die Wange.

"Allerdings bleibt es bei der genannten Bedingung. Die Regierung besteht auf einem Beweis für die Flugtauglichkeit und Belastbarkeit meines Luftschiffs. Ich muss innerhalb von vierundzwanzig Stunden nach Mainz und wieder zurückfahren."

"Dürfen wir mitkommen?", fragte Heinrich sofort und sprang aus seinem Korbstuhl.

"Tut mir leid, diese Fahrt werde ich ohne euch unternehmen. Denn bei so einer langen Strecke besteht ein gewisses Risiko, dass plötzliche Unwetter die Reise gefährden", erklärte der Graf. Er blickte über den Bodensee, in dem sich die Abendsonne spiegelte.

"Dürfen wir morgen wenigstens mit dir in die Montagehalle?", fragte Eva enttäuscht.

"Abgemacht! Aber jetzt wird gegessen. Es riecht so verführerisch nach Lamm", antwortete der Onkel.

Am nächsten Morgen wurden Heinrich und Eva früh von ihrer Tante geweckt. Sie gingen hinunter zum Frühstückstisch, wo bereits frische Brötchen auf sie warteten. Kurz darauf kam Onkel Ferdinand zu ihnen. "Guten Morgen!", rief er gut gelaunt.

Eva streute gerade Salz auf ihr Ei. "Willst du dich nicht setzen?"

"Ich bin schon eine ganze Weile auf den Beinen und habe bereits gefrühstückt, während ihr noch in den Federn gelegen habt", erwiderte ihr Onkel schmunzelnd. "In fünf Minuten brechen wir auf. Die Kutsche steht schon zur Abfahrt nach Manzell bereit."

"Ich habe kaum geschlafen, weil ich mich so darauf freue, endlich das Luftschiff zu sehen." Heinrich warf ungeduldig seine Serviette neben den Teller.

"Ich sehe schon, du willst wirklich keine Zeit verlieren", lachte sein Onkel.

"Ich bin auch fertig!", rief Eva und biss hastig noch ein Stück vom Brötchen ab.

Wenige Minuten später stiegen sie in die Kutsche. Onkel Ferdinand saß auf dem Bock und hielt die Zügel in der Hand, während Heinrich und Eva auf dem Rücksitz Platz nahmen.

In den frühen Morgenstunden war die Luft noch kühl und klar. Wieder genossen die Geschwister den Blick auf den See und die sanften Hügel mit den grünen Wiesen und Apfelbäumen. Nachdem die Pferde einige Kilometer getrabt waren, zeigte sich in der Ferne eine Bucht.

„Gleich sind wir da. Schau mal, wie riesig die Montagehalle ist!", sagte Heinrich zu Eva und zeigte auf ein langgezogenes Gebäude, das mitten auf dem Wasser lag.

Am Ufer zügelte der Graf mit einem lauten *Brrr* die Pferde und sprang vom Bock, während die Geschwister aus der Kutsche kletterten.

An einem kleinen Steg lag bereits ein Boot für sie zur Abfahrt bereit. Der Graf stieg hinein und reichte Eva und Heinrich die Hand. Kurze Zeit später setzten sie über.

„Wie schwimmt die Halle eigentlich auf dem Wasser?", fragte Eva, als sie aus dem Boot stiegen.

„Sie wird von riesigen Schwimmkörpern getragen, die zusammengebunden unter der Wasseroberfläche liegen und das Gewicht des Gebäudes tragen", erklärte der Graf und ging voran.

„Und weshalb wird das Luftschiff nicht an Land gebaut?", fragte Eva, die hinter ihrem Onkel herlief. „Das wäre doch viel einfacher!"

„Der Bau wäre sicherlich einfacher, aber nicht der Start des Luftschiffs", erklärte der Onkel. „Eine schwimmende Halle kann sich bei der Ein- und Ausfahrt drehen. Ah, da kommt der Monteur Brandenburg." Der Graf grüßte einen untersetzten, dunkelhaarigen Mann im weißen Kittel, der im Eilschritt durch die Halle lief.

„Guten Tag, Herr Graf!", rief Brandenburg ihnen entgegen.

„Brandenburg ist unermüdlich. Ohne ihn wäre die technische Entwicklung längst nicht so weit", erklärte der Onkel. Sie liefen an dem meterlangen Ballon entlang, an dem die Gondeln für die Mitfahrenden und Maschinen angebracht waren. Die Zellen des LZ 4 waren noch nicht mit Gas gefüllt und die schweren Gewichte standen nutzlos neben dem Giganten.

„Wenn sich die Montagehalle drehen kann", griff Heinrich den letzten Gedanken wieder auf, „kann das Luftschiff unabhängig von der Windrichtung starten, oder?"

„Sonst könnte das Luftschiff bei Gegenwind nicht abheben", stellte Eva fest.

„Genau! Außerdem ist der Bodensee ein ideales Fluggelände und wird mir vom württembergischen König zur Verfügung gestellt", fügte ihr Onkel hinzu.

„Wie lang ist das Luftschiff eigentlich?", fragte Eva, die mit dem Tempo ihres Onkels kaum mithalten konnte.

„Es misst genau 136 Meter Länge und hat einen Durchmesser von 13 Metern", erklärte der Graf bereitwillig.

„Dann ist es ja doppelt so hoch wie ein Haus", warf Heinrich ein. Er schaute ehrfurchtsvoll nach oben und rempelte versehentlich einen großen, hageren Mann an, der auf sie zukam.

„Entschuldigen Sie bitte", sagte Heinrich verlegen.

„Ah, Herr Wolf, wie immer auf den Beinen!", sagte der Graf, bevor der Mann reagieren konnte. Obwohl er noch nicht älter als vierzig zu sein schien, hatte er bereits eine Glatze. Unter seiner hohen Stirn funkelten lebhafte Augen. Der schmale Oberlippenbart verlieh seinem Gesicht einen eitlen Ausdruck.

„Guten Tag zusammen", sagte Herr Wolf mit hoher Stimme und musterte die Geschwister eingehend. Fragend zog er die Augenbrauen hoch. „Wir haben Besuch?"

„Darf ich vorstellen? Das sind mein Neffe Heinrich und meine Nichte Eva, die ihre Sommerferien am Bodensee verbringen." Dann wandte sich der Graf wieder zu den Geschwistern. „Und dies ist Gustav Wolf, einer der besten Ingenieure Europas."

„Wenn ich Sie an den bevorstehenden Termin wegen des Flugs im Auftrag der Regierung erinnern darf", unterbrach der Ingenieur ungeduldig. „Der Minister wird bald eintreffen."

„Richtig! Er bat mich um ein persönliches Gespräch." Der Graf zupfte an seinem Bart und sah die Geschwister an. „Ihr müsst die Halle alleine erkunden. Die Unterredung wird aber nicht lange dauern. Der Minister hat nie viel Zeit."

Während ihr Onkel wieder zurück zum Ausgang hastete, liefen Heinrich und Eva mit Herrn Wolf weiter den Gang entlang. In den Gerüsten, die um das Luftschiff aufgebaut waren, standen unzählige Arbeiter und überprüften einige Aluminiumstreben. Zwischen ihnen befand sich ein Mann mit Backenbart und Anzug, der die Lötstellen der Metallbögen kontrollierte.

„Guten Tag, Herr Arnold", grüßte Wolf förmlich den großgewachsenen Mitarbeiter. „Alles in Ordnung?"

„Alles bestens!", rief Arnold kurz zurück und vertiefte sich wieder in seine Arbeit.

„Das ist der zweite Kommandant", erklärte Wolf den Geschwistern. „Er steuert das Luftschiff fast so präzise wie euer Onkel."

Sie erreichten eine Holztreppe, die hinauf in die vordere Gondel führte. In der Gondel, die am Auftriebskörper befestigt war und im Vergleich zum Ballon winzig wirkte, befand sich das Steuerrad.

„Entschuldigt mich bitte ebenfalls", sagte Herr Wolf, als Heinrich und Eva vorschlugen, die Gondel zu besichtigen. „Aber ich muss noch letzte Berechnungen für den anstehenden Flug nach Mainz tätigen. Euer Onkel hat euch sicher von der hohen Priorität des Projekts unterrichtet." Der Ingenieur eilte weiter zu einer Wand, an der drei Konstruktionspläne hingen. Heinrich und Eva schauten ihm einen Moment nach.

„Komischer Mensch", murmelte Heinrich seiner Schwester zu, die beifällig nickte. Heinrich stellte sich hinter das Steuerrad. Eva setzte sich auf eine aufklappbare Sitzbank, die an der Wand befestigt war, und stellte sich vor, über die Wolken zu schweben.

„Das Luftschiff zu steuern, muss toll sein!", meinte Heinrich begeistert. Vom Überschwang ihres Bruders angesteckt sprang Eva auf und stellte sich neben ihn. Auch sie wollte sich einmal in ihrem Leben wie eine Kommandantin fühlen.

„Schau mal, was macht Ingenieur Wolf denn da?", fragte Eva und deutete auf den hageren Mann. „Kommt da nicht Monteur Brandenbach auf ihn zu?"

„Brandenburg", korrigierte ihr Bruder sie und beobachtete ebenfalls, wie er zu den Konstruktionsplänen eilte. Brandenburg tippte auf eine leere Stelle an der Wand, stemmte die Hände in die Hüften und sah Wolf auffordernd an. Der zog ratlos die Schultern hoch.

„Ich ahne, weshalb Brandenburg Wolf so wütend ansieht", sagte Heinrich nachdenklich.

„Ich auch", antwortete Eva, ohne ihren Blick von den beiden Männern zu wenden.

? *Was will der Monteur Brandenburg von dem Ingenieur?*

Geheimnisvolle Schritte

„Weshalb hat Wolf den Plan wohl versteckt?", fragte Heinrich seine Schwester und schlug mit der flachen Hand auf das Steuerrad. „Das kann nichts Gutes bedeuten."

„Vielleicht wollte er nicht, dass Brandenburg die Zeichnung sieht", überlegte Eva laut.

„Das macht doch keinen Sinn. Sie sind Arbeitskollegen. Es muss doch beiden daran gelegen sein, dass der bevorstehende Flug gelingt", erwiderte Heinrich. „Allerdings haben wir nicht gehört, worüber die beiden gestritten haben. Im Moment sind alle Mitarbeiter überarbeitet und angespannt. Vielleicht war Brandenburg nur über eine Nebensächlichkeit erbost."

„Schau mal!" Eva zeigte mit dem Finger in die Halle. „Dort neben den Ballastsäcken steht Onkel Ferdinand. Er sucht uns bestimmt. Komm! Wir gehen zu ihm."

Heinrich und Eva eilten die Treppenstufen hinunter und liefen ihrem Onkel fast in die Arme.

„Ah, da seid ihr ja." Der Graf lächelte die Geschwister an und zwinkerte ihnen zu. Obwohl er seine Anspannung überspielen wollte, wirkte er aufgewühlt. Eva blieb die innere Unruhe ihres Onkels nicht verborgen. „Wie war das Gespräch mit dem Minister?", fragte sie.

„Die Regierung drängt auf den baldigen Start des Luftschiffs", antwortete der Graf. Er nahm eine Zigarre aus seiner Westentasche, steckte sie aber schnell wieder ein. In der Halle herrschte striktes Rauchverbot. „Es soll bereits am 4. August nach Mainz fahren."

„Das ist ja schon morgen!", rief Heinrich und wäre fast über einen der vielen Stoffballen gestolpert, die entlang der Hallenwände gestapelt waren.

„So ist es. Ich werde das Luftschiff steuern." Onkel Ferdinand zog die Stirn in Falten. „Allerdings brauche ich weitere Helfer. Wenn die Wetterverhältnisse schlecht sind, wird die Fahrt nicht leicht werden."

„Wen willst du denn mitnehmen?", fragte Heinrich neugierig und beobachtete aus den Augenwinkeln, wie zwei Männer Haltestricke stramm zogen.

„Nun, Arnold als zweiter Kommandant ist auf jeden Fall notwendig", antwortete der Graf. „Vierundzwanzig Stunden werde ich das Luftschiff nicht allein lenken können. Außerdem muss natürlich meine Bordmannschaft mitfahren, die sich um die Motoren kümmert, Ingenieure und Monteure."

„Warum dürfen wir eigentlich nicht mit?", fragte Eva flehend. „Wir werden dich auch bestimmt nicht stören."

„Die bevorstehende Fahrt ist zu lang und zu gefährlich für euch", antwortete der Graf und wirkte auf einmal sehr ernst. „Wenn diese Probe überstanden ist, unternehmen wir zusammen eine Reise über den Bodensee. Das verspreche ich euch."

Als der Graf ihre niedergeschlagenen Gesichter sah, huschte ein Lächeln über seine Lippen. „Ich werde meine Männer jetzt über das Gespräch mit dem Minister informieren. Dann zeige ich euch die Maschinen", tröstete er Heinrich und Eva. Entschlossen rückte er seine Kapitänsmütze zurecht. „Wolf und Brandenburg müssen mich auf jeden Fall begleiten. Sie kennen die Motoren so gut wie sonst niemand. Die beiden sind bestimmt im Büro und überprüfen die Statik des Luftschiffs."

Mit dem gewohnten Tatendrang schritt der Graf voraus. Hinter der Wand, an der die Konstruktionspläne hingen, befand sich eine Baracke, die als behelfsmäßiges Arbeitszimmer diente. Als der Graf mit Heinrich und Eva eintrat, saßen Brandenburg und Wolf an zwei Holztischen. In dem Raum herrschte eisiges Schweigen.

„Der Termin für unseren Flug nach Mainz steht fest", begann der Graf mit ruhiger Stimme. „Die Regierung erwartet von uns, so schnell wie möglich zu starten. Deswegen werden wir bereits morgen die Fahrt antreten."

„Schon morgen!", rief Brandenburg entsetzt.

„Meine Herren, ich rechne wie immer mit Ihrer vollen Unterstützung. Sie wissen, dass unsere Existenz auf dem Spiel steht. Gelingt der Flug nicht, ist die Luftschifffahrt am Ende", fuhr der Graf ungerührt fort.

Brandenburg sprang hektisch auf, wobei der Stuhl polternd zu Boden fiel. „Bis dahin müssen wir das Treibgas füllen, die Gerüste abbauen, die Montagehalle in Windrichtung drehen ..."

„Dann lassen Sie uns keine Zeit verlieren!", unterbrach der Graf seinen Mitarbeiter. „Und ich erwarte von Ihnen, dass Sie mich auf dem Flug begleiten."

Eva bemerkte, wie alle Farbe aus dem Gesicht des Monteurs wich. Auch Wolf, der sich nervös am Hals kratzte, schien sich bei dem Gedanken an die bevorstehende Fahrt unwohl zu fühlen.

„Ich lasse Sie jetzt allein. Bitte informieren Sie auch die übrigen Männer von der Fahrt", sagte der Graf gefasst und warf einen Blick auf seine Uhr. „Isabella wartet bestimmt schon mit dem Essen. Ich komme später noch mal wieder. Und, meine Herren, dann verlasse ich mich auf Ihre Einsatzbereitschaft."

Auf der Rückfahrt nach Friedrichshafen schwiegen der Graf und die Geschwister. Auch während der gemeinsamen Mahlzeit mit Isabella war der Graf abwesend und sprach nur das Nötigste. Bald darauf saßen sie wieder in der Kutsche und fuhren zur

Montagehalle zurück. Dort angekommen, liefen sie erneut an dem gewaltigen Luftschiff entlang, das an faustdicken Seilen von der Decke hing. Als sie an einer Gondel vorbeigingen, die außen am Rumpf des Luftschiffs befestigt und mit Aluminium verstärkt war, blieb der Graf stehen.

„Ach, ich wollte euch doch die Motoren zeigen." Der Graf legte den Kopf in den Nacken und zeigte nach oben. „Von hier unten sieht man sie allerdings nicht, da müssten wir erst in die Gondeln steigen. Es gibt zwei Motoren – einen in der vorderen und einen in der hinteren Gondel –, die das Luftschiff antreiben."

„Deswegen kann ein Luftschiff, im Unterschied zu einem Ballon, gesteuert werden", schloss Heinrich aus den Erklärungen seines Onkels. Eva hörte staunend zu.

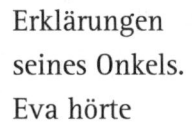

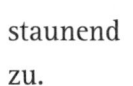

„Gut kombiniert", antwortete der Graf. Dann eilte er weiter. „Um zum hinteren Motor zu gelangen, müssen wir über den Verbindungssteg bei der vorderen Gondel. Von dort aus führen Einstiege zu allen Gondeln des Luftschiffs."

Zu dritt stiegen sie eine Leiter hinauf. Als sie auf der Planke standen, befand sich das Gerüst des Luftschiffs über ihnen. Die Gaszellen waren noch nicht gefüllt. Während sie sich auf dem schmalen Steg vorwärtsbewegten, war plötzlich ein leises *klack klack klack* von Absätzen zu hören. Als ob jemand hastig vor ihnen davonlaufen würde. Bevor die drei irgendetwas erkennen konnten, war es bereits wieder still.

„Wer ist da?", rief der Graf. Er blieb stehen und legte den Finger auf den Mund als Zeichen, dass sich Heinrich und Eva ebenfalls ruhig verhalten sollten. Einen Moment verharrten sie regungslos.

„Merkwürdig. Ich war sicher, Schritte gehört zu haben", meinte der Graf nachdenklich und ging weiter.

Nach einigen Metern erreichten sie wiederum eine kleine Leiter, die in die Maschinengondel reichte. Der Graf stieg voran, dann folgten Heinrich und Eva. Als sie vor dem Motor standen, der gut die Hälfte der Gondel ausfüllte, rieb sich Heinrich an der Stirn.

„Ich glaube, es war tatsächlich jemand heimlich hier", sagte er nachdenklich. „Und er ist so eilig weggelaufen, dass er etwas vergessen hat."

Was hat Heinrich entdeckt?

Ein Verräter

„Du meinst, jemand hat sein Werkzeug hier liegen gelassen, weil wir ihn gestört haben?", fragte Eva. Sie hob den Schraubenzieher auf. „Was hat das nur zu bedeuten? Weshalb läuft jemand vor uns weg? Das macht doch keinen Sinn."

Ihr Onkel zwirbelte das Ende seines Bartes und sah abwechselnd zu Heinrich und zu Eva. „Ihr habt zu viel Fantasie!", meinte er dann, ein wenig verärgert. „Niemand ist vor uns weggelaufen. Dazu gibt es schließlich keinen Grund."

Der Graf strich liebevoll über die glatten Röhren des Motors. Die stählernen Zylinder und Abgasrohre glänzten frisch geputzt und geölt. „Ihr seht das Herz des Luftschiffs! Diese Motoren treiben die Propeller seitlich am Schiffsrumpf an. Und die Propeller wiederum ermöglichen das Navigieren des LZ 4. Schon morgen werde ich in der vorderen Gondel am Steuerrad stehen und das Luftschiff von dort aus lenken", sagte er verträumt. Während der Graf weiter die Funktionsweise des Motors erklärte, waren plötzlich erneut Schritte auf der Planke zu hören, die sich rasch näherten. Kurz darauf waren erst die Schuhe, die Beine und dann die hagere Gestalt von Wolf zu erkennen, der die Leiter ins Innere der Gondel herunterstieg. Atemlos wandte er sich zum Grafen.

„Ein Reporter vom Bodensee-Kurier möchte ein Interview mit Ihnen für die morgige Tageszeitung machen." Herr Wolf stand völlig erschöpft vor Zeppelin. „Er wartet im Büro auf Sie."

„Danke für Ihre Benachrichtigung", sagte der Graf gelassen. „Ich werde sofort zu ihm gehen." Er drehte sich zu Eva und Heinrich. „Seid mir nicht böse, aber unser heutiger Rundgang ist beendet. Die Zeitung hat Vorrang. Es ist wichtig, dass sie der Öffentlichkeit positiv über die Luftschifffahrt berichtet. Vielleicht finde ich in absehbarer Zeit doch wieder Geldgeber, die die Entwicklung meiner Projekte fördern."

„Aber die Regierung unterstützt doch dein Vorhaben", warf Heinrich ein.

„Wenn ich es schaffe, ihre Anforderungen zu erfüllen", erinnerte der Onkel ihn. „Es ist immer schlecht, finanziell abhängig zu sein und auf gestellte Bedingungen eingehen zu müssen."

Bei den letzten Worten kletterte der Graf bereits die Leiter hinauf. Heinrich, Eva und Wolf folgten ihm. Dann eilten sie den Weg über die Planke zurück und standen kurz darauf wieder auf festem Boden. Als sie an den Konstruktionsplänen vorbeigingen, wäre Eva fast mit Brandenburg zusammengestoßen, der gerade aus dem behelfsmäßigen Büro kam.

„Herr Graf", grüßte der Monteur nervös, „der Zeitungsreporter wartet bereits auf Sie." Dann lief Brandenburg weiter zu Arbeitern, die Schutzmasken trugen und Metallbögen zusammenschweißten.

„Wie kommt ihr voran?", rief ihnen Brandenburg aufgeregt zu. „Gibt es wieder Probleme?"

„Alles in Ordnung!", rief der Arbeiter unbeeindruckt zurück, der das hektische Auftreten seines Vorgesetzten offensichtlich gewohnt war.

„Brandenburg ist immer unter Druck und in Eile", murmelte der Graf kopfschüttelnd. „Wenn das so weitergeht, vergisst er vor lauter Fleiß noch zu heiraten und eine Familie zu gründen."

Zeppelin drückte die Klinke herunter und betrat mit Heinrich und Eva das Büro. Ein Mann, der trotz der sommerlichen Temperaturen einen langen Frack trug, beugte sich gerade über eine viereckige schwarze Kamera, die an einem Stativ befestigt war. Umständlich drehte er am Objektiv. Als der Graf mit Heinrich und Eva vor ihm stand, richtete er sich auf. „Gestatten, mein Name ist Steinhausen. Ich bin als Reporter im Auftrag des Bodensee-Kuriers unterwegs. Wir würden gerne einen Artikel über Ihren bevorstehenden Flug veröffentlichen, den Sie im Auftrag der Regierung planen."

„Es freut mich, dass Sie zu mir kommen", antwortete der Graf höflich und musterte den Reporter. „Mussten Sie lange warten?"

„Ich habe mich bereits umgeschaut und mich über Ihre Arbeit informiert", meinte der Reporter und zückte einen Block aus seiner Aktentasche.

„Umso besser. Aber jetzt beantworte ich gerne persönlich Ihre Fragen. Nehmen Sie doch Platz!" Der Graf machte eine einladende Handbewegung.

Der Reporter setzte sich und schraubte einen Füllfederhalter auf. Dann schaute er zögernd zu Heinrich und Eva.

„Stört es Sie, wenn meine Nichte und mein Neffe bei dem Gespräch dabei sind?", fragte Zeppelin und nahm auf der anderen Seite des Tisches Platz.

„Nein, nein", wehrte Steinhausen ab. „Fangen wir einfach an. Wie soll die Route aussehen, die Sie morgen fliegen oder, besser gesagt, fahren werden?"

„Nun, wir werden über Schaffhausen, Basel, Straßburg und Speyer Kurs auf Mainz nehmen." Der Graf beobachtete amüsiert, wie der Reporter seine Antworten sorgfältig notierte.

„Befürchten Sie wetterbedingte Probleme?", fragte der Reporter weiter, während er eine Seite umblätterte.

„Die Prognosen sehen gut aus. Alles wird wie geplant verlaufen", antwortete der Graf selbstbewusst. „Die Flüssigkeit des Sturmglases ist klar, was auf sonniges und trockenes Wetter hindeutet."

„Wie sicher sind die Prognosen mit dem Sturmglas?", fragte der Reporter gespannt.

„Sie sind einigermaßen zuverlässig", antwortete der Graf. „Wäre das Sturmglas flockig, müssten wir mit Niederschlag rechnen. Kleine Sterne zeigen ein Gewitter an, was für uns die schlechtesten Wetterbedingungen bedeuten würde."

„Sie hatten wiederholt Schwierigkeiten mit den Luftschiffen", fuhr der Reporter fort und lehnte sich zurück. „Was macht Sie so sicher, dass der bevorstehende Flug klappt? Schließlich stehen Sie vor der größten Herausforderung Ihres Lebens."

„Wir haben viel gelernt und die Entwicklung der Luftschifffahrt hat große Fortschritte gemacht." Der Graf blickte Steinhausen fest in die Augen. „Der Start aus der Montagehalle ist einer der schwierigsten

Punkte unserer bevorstehenden Reise. Zunächst muss das Floß ausgefahren werden. Dann wird das Luftschiff mit Gas gefüllt, die Ballastsäcke werden entleert und das Luftschiff gleitet ähnlich wie ein Zug auf Schienen nach draußen."

„Aber die Balance bereitet Ihnen doch nach wie vor noch Probleme?", bohrte der Reporter weiter.

Der Graf stutzte. Doch er fasste sich schnell, um die Bedenken des Reporters zu verwerfen. „Auch die Trimmung, wie es in der Fachsprache heißt, haben wir mittlerweile im Griff. Das Gewicht zwischen der vorderen und hinteren Gondel ist genau berechnet. Damit wird der Start und die Landung des Luftschiffs geregelt, ohne dass das Gerippe durch die Bewegung der tonnenschweren Konstruktion Schaden nimmt."

„Da ist mir eben etwas anderes zu Ohren gekommen ...", murmelte Steinhausen leise vor sich hin. Langsam nahm er die Kappe vom Tisch und drehte sorgfältig den Füllfederhalter zu. „Darf ich zum Abschluss noch ein Foto von Ihnen machen?"

„Natürlich!" Der Graf stand auf und verschränkte die Arme vor der Brust, während der Reporter hinter der Kamera unter einem schwarzen Tuch verschwand. Ein heller Blitz fuhr durch den Raum. Einen Moment lang waren der Graf, Heinrich und Eva von dem grellen Licht geblendet. Sterne tanzten vor ihren Augen, während Steinhausen wieder unter dem Tuch hervorkrabbelte.

„Ich bedanke mich für das Interview!", sagte der Reporter. Er verabschiedete sich mit einer respektvollen Verbeugung vom Grafen und nickte Heinrich und Eva kurz zu.

„Einer meiner Mitarbeiter wird Sie zum Ausgang begleiten." Zeppelin öffnete die Tür und winkte einen Mechaniker herbei, der gerade Schrauben an einem Gerüst festzog.

Als der Reporter außer Sicht war, drehte sich der Graf zu den Geschwistern. „Ein merkwürdiger Mensch", stellte er fest. „Wieso war er so misstrauisch?"

„Hoffentlich berichtet er wirklich so positiv über die Luftschifffahrt", meinte Heinrich. „Einer deiner Angestellten hat ihm offensichtlich von Schwierigkeiten berichtet und Steinhausen scheint eine Sensation für seinen Bericht zu suchen."

„Wenn das stimmt, dann habe ich Grund zu der Annahme, dass sich ein ... Verräter unter meinen Mitarbeitern befindet", antwortete der Onkel. „Ich habe ausdrücklich angeordnet, dass keine Probleme an die Öffentlichkeit dringen sollen."

„Aber weshalb sollte jemand so etwas tun?", fragte Eva ungläubig.

„Wir kennen nicht den Grund. Aber wir wissen, wer bei Steinhausen im Büro war, bevor du das Interview gegeben hast, und die Gelegenheit hatte, allein mit ihm zu sprechen." Heinrich blickte seinen Onkel sorgenvoll an.

? *Wer war mit dem Reporter im Büro?*

Ein gefährlicher Plan

„Eva wäre vorhin fast mit ihm zusammengestoßen", überlegte Heinrich laut. „Er ist aus dem Büro gestürzt, als ob er auf der Flucht gewesen wäre."

„Aber weshalb sollte Brandenburg gegen mich intrigieren?", fragte ihr Onkel ungläubig und machte eine abweisende Handbewegung. „Das macht doch alles keinen Sinn."

„Außerdem kann genauso gut Wolf mit Steinhausen gesprochen haben", warf Eva ein. „Wir wissen nicht, ob er uns direkt über den Besuch des Reporters informiert oder ob er vorher selbst mit ihm geredet hat."

Heinrich fiel das seltsame Verhalten von Wolf wieder ein, als er den Konstruktionsplan vor Brandenburg versteckt hatte. „Onkel Ferdinand, wir müssen dir etwas sagen." Heinrich spielte verlegen mit einem Zirkel, der neben gespitzten Bleistiften und Linealen auf dem Tisch lag. „Als wir ohne dich in der Führergondel waren ..."

Plötzlich wurde die Tür aufgerissen. „Kommen Sie schnell!", rief ein Mechaniker aufgelöst und winkte den Grafen hastig zu sich. „Das Getriebe eines Propellers klemmt!"

„Nicht das noch!" Der Graf stürzte hinaus. Heinrich und Eva blieben allein zurück.

„Ich glaube, unser Onkel sitzt in der Klemme." Heinrich zuckte ratlos mit den Schultern. „Wir müssen vor dem Start herausfinden, wer ihn hintergeht. Vielleicht ist unser Onkel in Gefahr!"

„Du willst bis morgen herausfinden, wer es ist?", fragte Eva zweifelnd. „Das ist unmöglich!"

„Wenn wir vor dem Start dem Täter nicht auf die Spur kommen, fahren wir mit!", meinte Heinrich entschlossen. „Dann werden wir unterwegs die Augen offen halten. Vielleicht können wir sogar einen Sabotageakt verhindern."

„Wolf und Brandenburg werden bei der Fahrt nach Mainz dabei sein", warf Eva ein. „Sie haben wirklich keinen Grund, Onkel Ferdinand zu hintergehen oder sich womöglich selbst in Gefahr zu bringen."

„Da wäre ich nicht so sicher. Irgendetwas stimmt mit den beiden nicht. Mir kommt es so vor, als ob sie etwas verbergen", entgegnete Heinrich. „Weißt du nicht mehr, wie Wolf den Plan vor Brandenburg versteckt hat?"

„Das stimmt", gab Eva zu und runzelte die Brauen.

„Aber du hast doch gehört, dass unser Onkel uns nicht dabeihaben will. Die nächsten zwei Tage können wir nichts unternehmen."

„Dann fahren wir eben als blinde Passagiere mit", erklärte Heinrich ungerührt.

„Und wie sollen wir das anstellen?" Eva schaute ihren Bruder verblüfft an.

„Ganz einfach!", entgegnete Heinrich. „Wir sagen unserem Onkel heute Abend, dass wir uns den Start des Luftschiffs ansehen wollen. Dann wird er uns am Morgen mit zur Montagehalle nach Manzell nehmen. In einem günstigen Augenblick schleichen wir uns heimlich in die vordere Gondel des Luftschiffs. Bei der Aufregung und dem Gewimmel kurz vor dem Start fällt niemandem auf, wenn wir verschwinden."

„Ganz einfach", wiederholte Eva die Worte ihres Bruders. Dabei bekam sie allein bei der Vorstellung, heimlich mit nach Mainz zu fahren, Bauchschmerzen.

„Wo bleibt Onkel Ferdinand eigentlich?", fragte Heinrich. Er ging zur Tür und lugte hinaus. Eva stellte sich hinter ihm auf die Zehenspitzen und schaute ihrem Bruder über die Schulter. In der Montagehalle wartete das Luftschiff wie ein riesiges Urtier darauf, aus seinem Käfig in die Freiheit gelassen zu werden.

Die Geschwister mussten nicht lange suchen. Der Graf lief bereits den Gang entlang und winkte ihnen entgegen.

„Falscher Alarm!", erklärte er erleichtert. „Der Propeller funktioniert reibungslos. Es mussten nur die Federn nachgestellt werden. Im Moment sind alle viel zu nervös, um klar denken zu können."

„Onkel", begann Heinrich zögernd. „Dürfen wir morgen früh mitkommen und den Start des Luftschiffs anschauen?"

„Aber sicher!" Der Graf rückte seine Kapitänsmütze zurecht. „Wenn ihr versprecht, keine Dummheiten zu machen!"

„Ich glaube, wir müssen jetzt zurück nach Friedrichshafen", lenkte Eva schnell ab und wich einigen Handwerkern aus, die mit Brettern unter dem Arm vorbeigingen. „Tante Isabella macht sich sonst Sorgen."

Der Graf zog seine Taschenuhr aus der Jackentasche. Dann nickte er. „Tatsächlich, es ist schon spät. Ich fahre mit euch zum Abendessen zurück und werde später noch einmal nach Manzell reiten."

An diesem Abend gingen Heinrich und Eva früh in ihr Zimmer und legten sich schlafen. Als sie in ihren Betten waren, hörten sie durch das offene Fenster die

Hufen eines galoppierenden Pferdes auf dem Hofpflaster aufschlagen.

„Onkel Ferdinand reitet nach Manzell", flüsterte Eva und rückte ihr Kopfkissen zurecht. „Wie es ihm jetzt wohl geht?"

„Er hat bestimmt mehr Befürchtungen, als er zugibt", antwortete Heinrich in die Dunkelheit. „Schließlich ist die Luftschifffahrt sein Leben." Dann gähnte Heinrich und rollte sich auf die Seite. Einen Moment später hörte Eva das gleichmäßige Atmen ihres Bruders, während sie selbst noch wach lag und zur Decke starrte. Ob sie morgen wirklich als blinde Passagiere im Luftschiff mitfahren würden?

„Aufstehen!", rief Tante Isabella ihnen in den frühen Morgenstunden zu. Verschlafen rieben sich Heinrich und Eva die Augen. Doch als ihnen einfiel, welches Ereignis heute anstand, sprangen sie aus den Betten und waren in Windeseile angezogen. Hastig verschlangen sie ihre Brötchen, während Ferdinand Graf von Zeppelin konzentriert am Frühstückstisch saß und ruhig einen Kaffee trank. In seiner blauen Uniform mit den Goldstreifen und einem Steuerrad als Emblem wirkte er majestätisch. Tante Isabella, die neben ihm saß, strich sich nervös einige Strähnen aus dem Gesicht. Niemand hatte wirklich Appetit. Wenige Minuten später saßen der Graf, Heinrich und Eva in der Kutsche und fuhren am Bodensee entlang nach Manzell. Am Ufer hatten sich Menschenmengen gebildet, die auf den Start des Luftschiffs warteten. Als der Graf ankam, erschallte tosender Beifall. Jubel brach aus. Doch Zeppelin ließ sich davon nicht beeindrucken. Völlig gesammelt lenkte er die Kutsche, stieg aus, ging mit Heinrich und Eva über den Steg zum Boot und setzte über.

In der Montagehalle herrschte eine ebenso feierliche wie aufgeregte Atmosphäre. Es wimmelte von Mechanikern, Arbeitern und Helfern, die wie Ameisen hin und her liefen.

„Wir brauchen jeden Mann", erklärte der Graf, der in dem emsigen Treiben wie ein Fels in der Brandung wirkte, seiner Nichte und seinem Neffen. „Wenn das Gas in die Kammern gefüllt ist, wird das Schiff auf Schienen aus der Halle gleiten. Dabei muss es von sechzig Männern an Seilen gehalten werden, damit es nicht zu früh abhebt. Jetzt entschuldigt mich bitte, ich muss Vorbereitungen für die Ausfahrt treffen." Bei den letzten Worten ging er zu den Mechanikern und gab das Kommando, die Motoren laufen zu lassen. Ein ohrenbetäubender Lärm erfüllte die Halle. Gleichzeitig machte sich der Gestank von Kraftstoff breit. Eva hielt sich die Hand vor Nase und Mund.

„Lass uns zur vorderen Gondel gehen", schlug Heinrich vor, nahm Eva an die Hand und zog sie mit sich. „Dort gelangen wir ins Luftschiff!" Die Treppen, die hinauf in die Gondel führten, standen für den Kommandanten zum Einstieg bereit.

„Los!" Heinrich schaute sich um und schubste seine Schwester sanft weiter. Dabei beobachtete er den Grafen, der am Luftschiff entlangschritt und ein letztes Mal die mit Wasser gefüllten Ballastsäcke überprüfte. „Die Gelegenheit ist günstig. Wir müssen jetzt hinein! Gleich ist es zu spät."

Eva schaute nach links und rechts. Alle Männer waren in ihre Aufgaben versunken. Sie zogen Seile straff oder entfernten die Ruheböcke des Luftschiffs für den Start. Keiner beachtete die Geschwister. Auf einmal fiel der Blick von Heinrich auf das Sturmglasbarometer. Brandenburg stand mit entsetztem Gesichtsausdruck neben dem Messgerät. „Herr Graf!", rief er bestürzt. „Kommen Sie schnell! Schauen Sie sich das an!"

Plötzlich wurde Heinrich unsicher, ob er mit seiner Schwester wirklich in die Gondel steigen sollte.

? *Welche Gefahr erkennt Heinrich?*

Der Riese erhebt sich

Der Graf, der Brandenburg rufen gehört hatte, eilte auf ihn zu. Eva und Heinrich versteckten sich schnell hinter den Treppenstufen. Als der Graf das Sturmglas sah, hielt er inne. Er zögerte einen Moment.

„Der Himmel ist klar und sonnig. Nichts deutet auf schlechtes Wetter hin", sagte er schließlich entschlossen. „Wahrscheinlich hat das Sturmglas einen Defekt." Er betrachtete das Messgerät von allen Seiten und zeigte auf eine Stelle am oberen Rand. „Sieht so aus, als ob das Glas einen Riss hat."

Brandenburg nickte zustimmend.

„Wir starten wie geplant!", entschied der Graf entschlossen.

Eva blickte ihren Bruder ratlos an.

„Onkel Ferdinand geht kein unnötiges Risiko ein. Es ist keine Wolke am Himmel. Nichts deutet auf einen Sturm oder auf ein Gewitter hin", meinte Heinrich. Als der Graf und Brandenburg sich entfernten, um die Gaszellen zu kontrollieren, zog er seine Schwester hinter dem Versteck hervor. „Wir müssen uns beeilen!"

Flink wie zwei Katzen schlichen Heinrich und Eva die Treppen hinauf in die Gondel. Heinrich zeigte auf die aufklappbare Bank, auf der Eva tags zuvor gesessen hatte. „Da hinein!", schlug er vor, schlich in gebückter Haltung näher und klappte den Sitz hoch. Hastig nahmen die Geschwister Decken und Ballastsäcke heraus und legten sie achtlos auf den Boden. Das Werkzeug, das auch in der Sitzbank verstaut war, räumten sie eilig zur Seite. Dann kletterten sie selbst hinein. Um genügend Luft zu bekommen und um zu hören, was draußen vor sich ging, klemmten sie eine Zange zwischen Sitz und Kasten. Aufgeregt blinzelten sie durch den schmalen Schlitz. Von fern hörten sie die lauter werdende Stimme ihres Onkels, der letzte Anweisungen erteilte. Dann war es einen kurzen Moment ruhig, bis sich feste Schritte näherten. Absätze schlugen hart auf den Boden der Gondel auf, als die Männer der Bordmannschaft hintereinander das Luftschiff betraten.

„Wir sind klar zum Start!", ertönte die kräftige Stimme von Arnold. Als zweiter Kommandant fuhr er in der vorderen Gondel mit, damit er den Grafen während der langen Fahrt entlasten konnte.

„Luftschiff zur Abfahrt bereit!", rief Zeppelin. „Floß auf den Bodensee ziehen!"

Die Geschwister hörten ein Rumpeln. Dann spürten sie einen kräftigen Ruck. Langsam glitt das Luftschiff auf das Floß.

„Das LZ 4 liegt jetzt südlich der Ballonhalle in Windrichtung", meinte der Graf zufrieden. Laut befahl er: „Leinen nachlassen!"

Die Männer der Haltemannschaft lockerten langsam die Stricke und das Luftschiff erhob sich so leicht in die Lüfte wie eine Libelle, die über einem Teich schwebt.

„Leinen los!", kommandierte Zeppelin, als der Koloss einige Meter über dem Bodensee stand.

Kurz darauf war das Luftschiff frei. Das tonnenschwere Gewicht, das unter dem meterlangen Gefährt angebracht war, senkte sich nach hinten. Jetzt stand es in der erforderlichen Schräglage, um aufzusteigen. Obwohl sich die Geschwister in ihrem Versteck kaum bewegen konnten, fühlten sie eine nie gekannte Schwerelosigkeit. Doch das Glücksgefühl dauerte nur einen Moment.

„Welcher Idiot hat die Decken auf dem Boden liegen lassen!", donnerte der Graf plötzlich los. „Arnold, legen Sie alles wieder in die Sitzbank, bevor einer von uns darauf tritt und ausrutscht. Einen Beinbruch können wir hier oben wirklich nicht brauchen."

Heinrich und Eva hielten den Atem an. Da wurde bereits der Deckel angehoben. Die Geschwister blickten in das völlig fassungslose Gesicht des zweiten Kommandanten.

„Was ... um Gottes willen ... wie kommt ihr ...", presste er heraus. „Was sucht ihr hier?"

Dann wandte er sich zum Grafen. „Melde gehorsamst: Blinde Passagiere an Bord!"

„Sind denn jetzt alle verrückt geworden! Wir haben keine Zeit für dumme Witze!", wetterte der Graf, der breitbeinig hinter dem Steuerrad stand. Wütend drehte er sich um. Auch die Monteure blickten die Geschwister verdattert an.

„Arnold! Übernehmen Sie! Sofort!", tobte er los, als er Eva und Heinrich erkannte. Der zweite Kommandant nahm das Steuerrad, während der Graf auf Heinrich und Eva zuging, die kreidebleich geworden waren. Ihr Onkel war so erbost, dass er sich nur mit Mühe beherrschen konnte. „Kommt sofort da raus!" zischte er.

Mit wackeligen Knien kletterten die Geschwister aus ihrem Versteck. So außer sich hatten sie ihren Onkel noch nie erlebt.

„Das wird noch ein Nachspiel haben!" Der Graf war puterrot im Gesicht. „Ihr rührt euch nicht mehr von der Stelle. Keine Dummheiten mehr, verstanden?"

Kleinlaut schlossen Heinrich und Eva die Sitzbank und setzten sich auf sie. Ihr Onkel stemmte die Hände in die Hüften, schüttelte den Kopf und sah sie strafend an. Dann drehte er sich wutschnaubend von ihnen weg. „Ich übernehme wieder", sagte er zum zweiten Kommandanten und schubste ihn ungeduldig vom Steuerrad. „Kümmern Sie sich um die beiden."

Betroffen sahen sich die Geschwister an. Sie wussten, dass sie zu weit gegangen waren. Eva hatte Tränen in den Augen.

„Nun, wenn ihr schon hier seid, dann blickt doch mal aus der Gondel", schlug Herr Arnold vor. Sein Ärger hatte sich bereits in Mitleid verwandelt. Insgeheim musste er sogar ein wenig über den Wagemut der Geschwister schmunzeln.

Als sich die Geschwister an die Brüstung stellten und nach unten blickten, waren sie sofort fasziniert von dem Anblick, der sich ihnen bot. Die jubelnde Menschenmenge am Ufer des Bodensees wirkte winzig klein. Auch die riesige Montagehalle sah von hier oben aus wie ein Spielzeug. Langsam ließen sie den

Bodensee hinter sich. Der Schatten des Giganten zeichnete sich als riesiger schwarzer Fleck auf dem Wasser ab. Sie schwebten über Wälder und Hügel. Aus der Entfernung wirkten die Städte mit ihren Straßen und Häusern wohlgeordnet und übersichtlich. So erreichten sie schließlich den Rhein, während die Motoren gleichmäßig vor sich hin schnurrten.

„Als ob die Zeit stehen bleiben würde", meinte Eva beeindruckt und hielt die Hand aus dem nicht verglasten Fenster. Obwohl in der Gondel wenig Wind zu spüren war, merkte sie jetzt einen starken Luftzug.

„Wie kann ein solcher Koloss so leicht und elegant durch die Luft schweben?", fragte Heinrich wie berauscht.

Die Fahrt verlief ruhig. Die Sonne schien gleichmäßig auf sie nieder, während sich immer noch keinerlei Wolken zeigten.

„Es wird zu heiß", sagte der Graf zum zweiten Kommandanten und sah besorgt in den Himmel. Mit dem Unterärmel wischte er sich den Schweiß von der Stirn. „Bei der Temperatur breitet sich das Gas zu schnell aus. Wir werden bald ablassen müssen."

Heinrich und Eva, die das Gespräch mitgehört hatten, sahen zur Sonne, die mittlerweile wie ein brennender Kegel über ihnen stand. Als sich das Luftschiff Worms näherte, veränderte sich das gleichmäßige Schnurren der Motoren.

„Hörst du das auch?", fragte Heinrich seine Schwester, als er ein stockendes, rumorendes Geräusch vernahm.

Seine Schwester lauschte. Dann nickte sie. „Da stimmt irgendetwas nicht." Eva schaute zu ihrem Onkel, der hektisch gestikulierend mit Arnold sprach. Auch die Monteure schienen beunruhigt.

„Es ist 16.30 Uhr und heißer als am Mittag", hörte sie ihren Onkel sagen.

„Keine Sorge", ermutigte Arnold den Grafen. „Selbst wenn wir eine Zwischenlandung machen müssen, liegen wir noch gut in der Zeit."

Kurz darauf waren Schritte auf dem Verbindungssteg zu hören und Wolf stieg aufgeregt zu ihnen in die Gondel.

„Der hintere Motor arbeitet nicht mehr richtig! Die Ölschmierung hat versagt. Die Maschine ist total überhitzt!", rief Wolf. Obwohl er versuchte, die Fassung zu wahren, wirkte er angespannt und nervös.

„Das Gas breitet sich in den Zellen aus und treibt das Luftschiff nach oben. Lassen Sie Gas ab!", rief der Graf. „Mit einer Maschine kommen wir nicht gegen den Auftrieb an." Arnold lief sofort zur Leitplanke, um den Auftrag auszuführen.

„Warum funktioniert der Motor nicht?", fragte der Graf nun an Wolf gewandt. „Sie haben ihn doch vor dem Flug gewartet!"

„Ich kann es mir nicht erklären, warum die Ölschmierung versagt", erklärte Wolf hilflos.

„Gehen Sie wieder zurück und bringen Sie den Motor irgendwie auf normale Temperatur!", befahl der Graf. „Sie müssen hinten in der Motorgondel bleiben. Heinrich und Eva kommen mit Ihnen und erstatten mir in regelmäßigen Abständen Lagebericht."

Heinrich stupste seine Schwester erleichtert in die Seite. Nun hatte es doch einen Sinn, dass sie mit auf dem Luftschiff waren.

„Was ist mit Brandenburg? Wie kommt er mit seiner Arbeit voran? Vielleicht hat er ja eine Idee, woran es liegt!", donnerte der Graf weiter und schaute in den wolkenlosen Himmel.

„Ich glaube nicht", erwiderte Wolf kleinlaut. „Er als Monteur weiß ja nicht …"

„Glauben hilft in dem Fall nicht weiter! Nun gehen Sie schon!", sagte der Graf, während Wolf, Heinrich und Eva bereits die Leiter zur Verbindungsplanke hochstiegen. Hintereinander hetzten sie über den Steg.

„Wartet hier", sagte Wolf zu den Geschwistern, als sie bei Arnold an der Leitplanke ankamen. „Ich frage Brandenburg, ob bei ihm alles in Ordnung ist."

„Ich gehe heimlich zur Gondel vor", flüsterte Heinrich und gab Eva ein Zeichen. „Ich versuche herauszufinden, was Wolf und Brandenburg besprechen." Heinrich folgte dem Ingenieur, der weiter zum hinteren Motor eilte. Um besser hören zu können, näherte er sich leise dem Einstieg. Die Maschine machte jedoch einen zu großen Lärm. Heinrich konnte nur anhand der heftigen Handbewegungen ahnen, dass sich Wolf und Brandenburg kräftig stritten. Aber als er näher herantrat und einen Blick in die Gondel warf, fiel ihm etwas auf.

Was hat Heinrich entdeckt?

Unfreiwillige Landungen

Kurze Zeit später kam auch Eva zur Gondel. „Ich konnte nicht länger warten!", erklärte sie. Beide starrten hilflos auf die dampfende, zischende Maschine in der Gondel. Öl tropfte auf den Boden, wo sich bereits eine Pfütze gebildet hatte.

„Bestimmt gehört Brandenburg der Schraubenzieher, den wir mit Onkel Ferdinand unter dem Motor gefunden haben", meinte Heinrich. „Er ist doch schließlich Monteur!"

Die Geschwister hatten keine Zeit, über mögliche Motive von Brandenburgs Verhalten nachzudenken. Wolf eilte unruhig in der Gondel umher. Hastig lockerte er einige Verschlüsse, wobei er einen Lappen zu Hilfe nahm, um sich nicht die Finger zu verbrennen.

„Mist!", fluchte Wolf und griff zu einem Kanister. Dabei floss der Schweiß von seiner Stirn. „Warum verliert der Motor so viel Öl? Wir müssen einen Zwischenstopp machen, um die Störung zu beheben."

„Sollen wir Onkel Ferdinand holen?", fragte Eva hustend. Die Luft in der Gondel war stickig.

Wolf nickte. „Der Kommandant soll entscheiden, ob wir landen oder nicht."

Wieder stiegen die Geschwister die Leiter hinauf. Als sie auf der Planke standen, war der Abendhimmel bereits dunkelrot. Bald würde die Dämmerung eintreten. Ein leichter Wind kam auf. Eva und Heinrich lehnten sich über die Brüstung und rangen nach Atem.

„Ob die Regierung Onkel Ferdinand auch unterstützt, wenn wir wegen eines Maschinenschadens landen werden?" Eva zog die frische Luft ein.

„Wir müssen die Strecke in vierundzwanzig Stunden zurücklegen. Dann haben wir die Bedingungen erfüllt, auch wenn wir einen Zwischenstopp gemacht haben", meinte Heinrich, der sich mit beiden Händen an Seilen festhielt. Durch den aufkommenden Wind schwankte die Planke unter ihren Füßen. So schnell sie konnten, liefen die beiden weiter zur Kommandantengondel.

„Was ist mit dem Motor?", fragte der Graf besorgt, als die Geschwister mit Öl und Ruß in Haaren und Kleidern vor ihm standen.

„Die Maschine ist völlig überhitzt", erklärte Heinrich. „Brandenburg war genauso ratlos wie Wolf."

„Wir warten noch, bis es dunkel wird. Dann landen wir." Mit unbeweglichem Gesicht schaute der Graf wieder in die Ferne und steuerte das Luftschiff. Weder

Eva noch Heinrich trauten sich, ihn jetzt zu stören. Nach und nach wurde der Himmel dunkler. Die ersten Sterne funkelten über ihnen. So glitten sie durch die Nacht, begleitet von dem ratternden Geräusch der Motoren.

„Seht ihr dort die Lichter direkt am Rhein?", fragte der Graf nach einer Weile. „Das ist Nierstein. Dort gehen wir runter."

Der Graf drehte an den Rädern neben dem Steuerrad, um das tonnenschwere Gewicht zu verlagern.

„Wenn wir in der Luft stehen", erklärte der Graf, ohne die runde Anzeigentafel aus den Augen zu verlieren, „schalten wir die Maschinen aus und lassen Gas ab."

Es dauerte einige Minuten. Dann hing der Koloss bewegungslos am Himmel.

„Arnold, geben Sie Wolf und Brandenburg Bescheid: Motoren aus! Gas ablassen!", kommandierte der Graf schließlich.

Der zweite Kommandant kletterte aus der Gondel, um den Befehl umzusetzen. Fünf Minuten später war es ruhig. Die plötzlich eintretende Stille war gespenstisch. Eva und Heinrich lehnten sich über die Brüstung und beobachteten mit angehaltenem Atem, wie das Luftschiff langsam nach unten schwebte und endlich aufsetzte. Am Ufer hatten sich bereits viele Menschen versammelt, die trotz der Dunkelheit die Landung des Giganten gespannt verfolgten. Als sie den Grafen erkannten, jubelten sie ihm entgegen. Aus allen Richtungen strömten Leute hinzu, um das Ereignis zu feiern.

„Wir werden mit der Mannschaft den Motorschaden reparieren und dann zügig weiterfliegen", befahl der Graf Arnold, nachdem er der begeisterten Masse kurz aus der Gondel zugewunken hatte. Dann hob er den Zeigefinger und blickte Eva und Heinrich streng an. „Aber ihr zwei bleibt hier und ruht euch aus." Die beiden setzten sich stumm auf die Bank. Doch bevor Onkel Ferdinand die Gondel verließ, nahm er eine Decke und legte sie den beiden liebevoll über die Beine. Eva ließ ihren Kopf auf die Schulter ihres Bruders fallen. Plötzlich überkam sie eine große Müdigkeit. Auch Heinrich fielen die Augen zu.

Die beiden wurden von dem wieder eintretenden gleichmäßigen Surren der Motoren geweckt. Heinrich und Eva schreckten auf. Kurz darauf hastete der Graf zusammen mit Arnold in die Kommandantengondel und gab das Kommando zum Start. Mithilfe vieler Freiwilliger erhob sich das Luftschiff, um endlich Kurs auf Mainz zu nehmen. Eine knappe halbe Stunde später erreichte das LZ 4 sein Ziel. Der Graf umflog die Stadt in einem halben Bogen von Osten nach Westen. Dann machte er kehrt, um heimwärts zu fahren. Die erleuchtete Bahnstrecke unter ihnen diente dem Grafen in der Dunkelheit als Orientierung. Mit gedrosselter Geschwindigkeit näherten sie sich Mannheim, als ein stockendes, tuckerndes Geräusch einen weiteren Defekt anzeigte.

„Ein neuer Maschinenschaden!", brüllte der Graf und schlug ärgerlich mit der flachen Hand auf das Steuerrad. „Das gibt's doch gar nicht!"

Heinrich und Eva fuhren erschrocken zusammen. Die Wälder unter ihnen wirkten auf einmal wie ein riesiger Schlund und die dazwischen liegenden Felder wie unheimliche Löcher.

„Hoffentlich ist die Fahrt bald zu Ende", flüsterte Eva ihrem Bruder leise ins Ohr und wickelte sich fester in die Decke.

„Onkel Ferdinand weiß, was er macht." Heinrich drückte beruhigend ihre Hand.

„Von Südwesten zieht Wind auf!", rief der Graf Arnold zu. „Das Risiko ist zu groß. Dagegen kommen wir mit einem defekten Motor nicht an."

„Müssen wir erneut landen?", fragte Arnold angespannt.

„Ja. Bei Echterdingen gehen wir runter!", antwortete der Graf kurz angebunden.

Einige Kilometer später wurde Gas abgelassen und der Gigant schwebte ein zweites Mal in dieser Nacht unfreiwillig zu Boden.

„Arnold, verlassen Sie das Luftschiff und ordern Sie neues Gas aus Friedrichshafen! Unsere Bestände sind aufgebraucht", befahl der Graf. „Ich werde den Motorschaden reparieren. Heinrich und Eva, ihr könnt den Männern helfen, die Haltestricke runterzulassen und zu befestigen."

Gemeinsam verließen sie die Gondel, um ihre Aufgaben auszuführen. Kaum hatten die Geschwister mit Wolf und Brandenburg die Taue herabgelassen, strömten von überall Arbeiter, Bauern und Soldaten herbei, die das Luftschiff schon von Weitem als schwarzen Fleck in der aufkommenden Morgendämmerung gesehen hatten. Unzählige Freiwillige halfen, den Koloss an Pflöcken zu befestigen. Bald war der Gigant gesichert. Heinrich und Eva beobachteten, wie sich nach und nach eine Menschentraube um den Graf bildete. Sie selbst hielten sich ein wenig abseits. Die Geschwister wollten warten, bis der Zorn ihres Onkels auf sie wieder verrauscht war, und hielten es für besser, ihm noch nicht unter die Augen zu treten. Gemeinsam schlenderten sie müde und erschöpft auf die andere Seite des Luftschiffs.

Auf einmal stutzte Eva und blieb stehen. „Da hinten ist jemand!", flüsterte sie ihrem Bruder zu.

Neben dem Zeppelin war der Schatten eines Mannes zu sehen, der auf dem Boden kniete und sich an einem Pflock zu schaffen machte.

„Wer ist das?" Heinrich hielt seine Schwester am Ärmel fest und lenkte ihre Aufmerksamkeit auf den Mann. „Erkennst du ihn?"

„Ich weiß, wer es ist", wisperte Eva und hielt die Hand an die Stirn, um besser sehen zu können.

Wer ist der Mann?

Ein schwarzer Tag

„Jetzt erkenne ich ihn auch." Heinrich starrte fassungslos zu dem Mann herüber. Dunkle Wolken schoben sich vor die aufgehende Sonne und verschlechterten die Sicht.

Eva kniff die Augen zusammen. „Was macht er denn da? Lockert er die Pflöcke?"

„Wir müssen unbedingt Onkel Ferdinand informieren! Wir hätten ihm schon längst sagen sollen, wie merkwürdig sich Wolf verhält." Heinrich nahm seine Schwester an die Hand und zog sie wieder auf die andere Seite des Zeppelins, auf der die Menschen bereits dichtgedrängt standen. Überall wurden Buden aufgebaut, als ob ein Volksfest stattfinden würde.

„Wo ist unser Onkel?", fragte Eva und machte einen Schritt zurück. Dabei trat sie versehentlich einer Frau auf die Schnürstiefel.

„Autsch!", rief die Frau empört. „Pass doch auf, du Göre! Und drängele nicht so! Willst du einen Blick auf den Grafen erhaschen? Der ist ohnehin nicht mehr da."

„Nicht mehr da?", fragte Heinrich verblüfft. In dem Moment sah er Arnold auf sie zukommen. Mit beiden

Armen bahnte er sich einen Weg durch die Menge und blickte sich um.

„Hier seid ihr! Ich habe euch überall gesucht!", rief der zweite Kommandant ihnen entgegen. „Euer Onkel musste ins Gasthaus *Hirsch*. Er telefoniert von dort mit der Regierung und erstattet Lagebericht. Danach will er sich ausruhen. Er ist vollkommen erschöpft und erträgt keinen Trubel mehr."

„Euer Onkel?" Die Frau sah Heinrich und Eva verdattert an. Dann wurde sie von einem Mann an der Hand gefasst und weitergezogen.

Heinrich zog die Stirn in Falten. Eva wusste, was im Kopf ihres Bruders vorging. Sollten sie Arnold von ihrem Verdacht erzählen?

„Sind Sie der zweite Kommandant?", fragte in dem Moment eine elegante Dame in einem engen weißen Sommerkleid und lächelte charmant. Sie trat auf Arnold zu, wobei sie die goldenen Armstreifen auf seinem Jackett musterte.

„Wenn Sie gestatten: Arnold!" Der zweite Kommandant streckte seine Brust raus. Dann verbeugte er sich kurz und grinste zurück.

„Erzählen Sie doch mal von Ihrer Reise ..." Die Frau hakte sich bei ihm unter und führte ihn zu einem nahe gelegenen Bierstand.

„Arnold ist vorerst beschäftigt", meinte Heinrich. Während er den beiden hinterherblickte, merkte er, wie hungrig er war. „Lass uns etwas essen."

Eva nickte zustimmend. Auch ihr knurrte der Magen. Die Geschwister suchten einen Würstchenstand und stellten sich in eine Schlange. Das Wasser lief ihnen im Mund zusammen, als der Geruch von gebratenem Fleisch in ihre Nasen stieg.

„Wie viele Menschen haben sich hier wohl versammelt?" Heinrich schaute sich nach allen Seiten um. „Das müssen Zehntausende sein."

„Schau dir das an!" Eva zeigte mit den Fingern zum Himmel, während sie sich erschrocken die Hand vor den Mund hielt. Eine schwarze Wolkenwand stand drohend über ihnen. In der nächsten Sekunde zog ein orkanartiger Wind auf und fegte über die Wiese hinweg. Entsetzte Schreie brachen aus.

„Wir müssen zum Luftschiff!", schrie Heinrich verzweifelt gegen den Sturm und lief los. Als sich die Geschwister dem Giganten näherten, stellten sie erleichtert fest, dass bereits viele Männer und Soldaten bei den Haltetauen waren. Mit ihrem Gewicht versuchten sie, das Luftschiff auf dem Boden zu halten.

Auch Eva und Heinrich griffen zu einem Seil. Doch als sie sich festhielten, riss es krachend durch. Mit einem Ruck landeten die Geschwister auf dem Boden. Heinrich hielt das untere Ende des Seils noch in den Händen, während er sich aufrappelte.

„Wie kann ein so festes Seil einfach reißen?" Benommen stand auch Eva auf. Ihre Haare und ihr Kleid flatterten im Wind und sie selbst hatte Mühe, aufrecht zu stehen.

„Das Seil ist angeschnitten!", stellte Heinrich wütend fest und zeigte seiner Schwester den glatten Durchriss. „Ob das Wolf gemacht hat?"

Anstatt ihrem Bruder zu antworten oder das Seil zu untersuchen, starrte Eva in die andere Richtung. Heinrich folgte ihren erstaunten Blicken und sah Brandenburg zwischen zwei Soldaten. Die beiden Männer zogen mit aller Kraft an den Haltetauen und versuchten angestrengt, das Luftschiff unten zu halten. Da ging Brandenburg auf einen zu und stieß ihn grob zur Seite. Der Mann verlor das Gleichgewicht und fiel der Länge nach hin. Jetzt rempelte Brandenburg den anderen Soldaten an, der sich vor lauter Verblüffung nicht wehrte.

„Ist der denn verrückt geworden?", rief Heinrich erbost und lief auf Brandenburg zu. Doch bevor er bei ihm war und ihn zur Rede stellen konnte, zog eine gewaltige Sturmböe auf und riss das Luftschiff ruckartig hoch. Einige Männer baumelten noch an den Haltetauen, bis sie schließlich losließen und unsanft auf den Boden stürzten. Der Gigant stieg weiter hoch, bis er sich mit seinem Heck in den Kronen der umherstehenden Bäume verfing. Eine riesige, blau-rote Flamme stieß empor. Die Stoffbespannung verbrannte innerhalb von Sekunden und legte die Aluminiumverstrebungen frei. Schreie des Entsetzens schallten laut über die Wiese. Menschen liefen hilflos durcheinander. Von einem zum anderen Moment hatte sich die festliche Stimmung in reines Chaos verwandelt. In den Baumwipfeln hing das blanke Gerippe des Luftschiffs, das sich in den Flammen verbog. Mit einem lauten Krachen brach es endlich entzwei und stürzte hinab. Heinrich beobachtete gelähmt, wie sich der Gigant in Asche verwandelte.

Der Graf war inzwischen zurückgeeilt. Regen hatte eingesetzt. Heinrich und Eva sahen ihren Onkel völlig durchnässt vor den Trümmern seines Lebenswerks stehen. Sie blickten in sein totenblasses Gesicht, während er mit bebenden Lippen „Ich bin ein verlorener Mann!" rief.

Bei dem verzweifelten Anblick seines Onkels ergriff Heinrich jähe Wut. Wo war Brandenburg? Weshalb hatte er die Rettung des Luftschiffs verhindern wollen? Warum hatte er die Soldaten, die das Luftschiff mit vereinten Kräften am Boden gehalten hatten, zur Seite gestoßen? Heinrich und Eva suchten die Umgebung mit den Augen ab und entdeckten nur ein paar Schritte entfernt eine untersetzte Gestalt, die sich hastig aus der Menge entfernte. „Hinterher!", rief Heinrich seiner Schwester zu und rannte los.

In einigem Abstand verfolgten sie Brandenburg, der zum Waldrand lief. Dort angekommen, schaute Brandenburg verstohlen nach rechts und links. Heimlich steckte er seine Hand unter den Mantel und zog etwas aus der Innentasche. Danach ging er einige Meter in den Wald hinein und warf achtlos einen Gegenstand in einen Busch. Dann huschte er wieder zurück auf die Wiese, um in der aufgebrachten Menschenmenge unterzutauchen.

„Lass uns nachsehen, was Brandenburg versteckt hat!", meinte Heinrich und lief mit seiner Schwester über die aufgeweichte Wiese. Sie mussten nicht lange suchen. Bald war Eva fündig geworden.

? *Was hat Eva entdeckt?*

Die Entführung

„Dann hat Brandenburg also die Seile angeschnitten!", rief Heinrich erschüttert. Er nahm Eva das Messer aus der Hand und betrachtete es von allen Seiten. „Er wollte das Luftschiff nicht retten, sondern zerstören. Einen anderen Grund gibt es nicht für sein Handeln."

Wie aus dem Nichts tauchte Brandenburg plötzlich aus dem Regen hinter einem Baum auf und stand vor den Geschwistern.

„Habe ich es mir doch gedacht!", rief er und packte Eva am Kragen. „Ihr spioniert doch schon die ganze Zeit hinter mir her und steckt eure Nase in Dinge, die euch nichts angehen." Er schüttelte Eva wie eine nasse Puppe hin und her.

Ohne zu überlegen, lief Heinrich zu ihm und hielt das Messer drohend in die Luft. „Lassen Sie sofort meine Schwester los!"

Brandenburg warf Eva auf die feuchte Erde und stürzte sich auf Heinrich. Mit einer jähen Bewegung wollte er ihm die Waffe entreißen, aber stattdessen flog das Messer in den matschigen Boden. Heinrich versetzte Brandenburg einen Tritt gegen das Schienbein. Hilflos beobachtete Eva den Kampf, während sie sich mühsam vom Boden hochrappelte.

„Hol Onkel Ferdinand!", rief Heinrich seiner Schwester zu, während er versuchte, sich aus Brandenburgs Griff zu befreien. Eva lief so schnell sie in ihren nassen Kleidern vorwärts kommen konnte. An ihren Schuhsohlen klebte feuchte Erde.

Brandenburg zögerte. Sollte er dem Mädchen hinterherlaufen? Er rührte sich aber nicht, sondern blieb stehen. Als Eva außer Sichtweite war, atmete Heinrich erleichtert auf und wischte sich mit dem Unterarm den Regen aus dem Gesicht. Brandenburg nutzte den unachtsamen Moment. Mit einigen geschickten Griffen überwältigte er Heinrich endgültig, packte ihn am Oberarm und zog ihn weiter in den Wald hinein.

„Sie haben sowieso keine Chance!" Heinrich wehrte sich wie wild und versuchte, im aufgeweichten Boden möglichst auffällige Spuren zu hinterlassen. „Eva wird bald mit Verstärkung zurück sein."

Mit einer schnellen Bewegung verschränkte Brandenburg Heinrichs Arme auf dem Rücken und schob ihn unsanft vor sich her. „Halt die Klappe!", rief Brandenburg unwirsch und zog fest an Heinrichs Handgelenk.

„Au!" Heinrich schrie vor Schmerz auf und trat unwillkürlich nach hinten. Brandenburg stolperte über eine Wurzel, rutschte aus und lockerte seinen Griff. Blitzschnell drehte sich Heinrich um und rannte hinter den nächsten Busch.

„Mach keine Dummheiten, Junge." Brandenburg lächelte spöttisch. Lauernd standen sie sich gegenüber.

„Hoffentlich ist Eva bald zurück!", dachte Heinrich verzweifelt. Ein stechender Schmerz fuhr durch sein Handgelenk. „Wenn sich Brandenburg auf mich stürzt, bin ich verloren."

„Heinrich!", schallte die Stimme des Grafen in dem Moment durch den Wald. „Wo bist du?"

„Hier!", rief Heinrich laut zurück, ohne Brandenburg aus den Augen zu lassen. Beruhigt hörte er, wie sich Schritte näherten. Einen Moment später standen sein Onkel, Eva, Wolf und drei Soldaten neben ihm.

„Festnehmen!", befahl der Graf. Die Soldaten packten Brandenburg, der sich heftig wehrte. Aber die Soldaten waren in der Überzahl. Sie überwältigten ihn und legten ihm blitzschnell Handschellen an.

„Warum haben Sie die Seile angeschnitten?", fragte der Graf mit scharfer Stimme und trat dicht an Brandenburg heran. Er war tief enttäuscht. „Wollten Sie mich vernichten?"

„Nicht Sie, sondern die deutsche Luftschifffahrt", entgegnete Brandenburg und spuckte wütend auf den Boden.

„Dann sind Sie also tatsächlich ein Agent?", fragte Wolf mit angehaltenem Atem. Er strich sich über seinen regennassen Bart. „So etwas habe ich mir doch gleich gedacht."

„Ich handle im Auftrag der englischen Regierung", schnaubte Brandenburg Wolf verächtlich entgegen.

„Deswegen haben Sie also den Plan vor Brandenburg versteckt?", fragte Eva an Wolf gewandt, wobei ihr die Kälte den Rücken hoch kroch. „Sie wollten ihm die Konstruktionen nicht verraten, weil Sie vermuteten, dass Brandenburg spioniert."

„Das stimmt", antwortete Wolf erstaunt. „Aber woher weißt du das?"

„Wir haben Sie mit Brandenburg vor dem Büro gesehen, als wir in der Gondel waren", erklärte Eva.

„Aber weshalb interessiert sich England ausgerechnet für die Luftschifffahrt?", schaltete sich jetzt Heinrich ein.

„Ein Luftschiff kann im Krieg gegen Feinde eingesetzt werden", erwiderte Brandenburg. „Ich hatte den Auftrag, die Arbeit des Grafen zu beobachten und zu sabotieren. Deswegen habe ich die Ölzufuhr des Motors blockiert."

„Aber als Sie wussten, dass Sie selbst mitfliegen würden, haben Sie versucht, den Schaden wieder rückgängig zu machen", sagte Heinrich nachdenklich. „Aus diesem Grund waren Sie heimlich in der Motorgondel. Sie wollten die Maschine wieder reparieren. Als wir überraschend kamen, haben Sie in der Eile den Schraubenzieher liegengelassen."

Brandenburg nickte stumm, während Regen in seinen Kragen lief.

„Dann haben Sie das Sturmglas zerstört, um dadurch den Abflug zu verzögern. Sie wollten auf keinen Fall, dass unser Onkel die Bedingungen der deutschen Regierung erfüllt und finanziell unterstützt wird." Während Eva sprach, zitterte sie am ganzen Körper. Doch plötzlich nahm der Regen ab. Die schwarze Wolkendecke brach auf und die Sonne schickte einen wärmenden Strahl auf die Erde.

„Und weshalb haben Sie mit dem Reporter gesprochen und ihm von Problemen berichtet?", fragte der Graf nun aufmerksam weiter.

„Die Bevölkerung ist begeistert von Ihrer Idee. Ich musste verhindern, dass Sie private Geldgeber finden, die Ihre Arbeit fördern. Deshalb wollte ich die Euphorie im Land stoppen und auf die Gefahren und Risiken der Luftschifffahrt hinweisen."

Der Graf sah Brandenburg an und schüttelte den Kopf. „Die Luftschifffahrt ist unwiderruflich geboren und fest in den Köpfen der Menschen verankert. Daran kann niemand mehr etwas ändern."

„Ihr Verhalten schien mir von Anfang an fragwürdig", ereiferte sich Wolf nun mit erhobenem Zeigefinger. „Sie waren zu sehr darauf aus, alle möglichen

Details zu erfahren, die gar nichts mit Ihrer Arbeit zu tun hatten. Ständig sind Sie um mich rumgeschlichen, um noch mehr Informationen zu bekommen, die Sie nichts angingen."

„Weshalb haben Sie mir nichts von Ihren Verdächtigungen gegen Brandenburg erzählt?", fragte der Graf an Wolf gewandt.

„Weil ich nur Vermutungen hatte und keine Beweise", erklärte Wolf. „Ich wollte niemanden vorschnell beschuldigen. Schließlich hätte ich mich auch irren können."

„Aber warum haben Sie die Pflöcke gelockert?", fragte Eva.

„Gelockert? Wie kommst du denn darauf? Ich habe gemerkt, dass jemand die Pflöcke herausgezogen hat. Mein Verdacht, dass wir einen Verräter unter uns haben, bestätigte sich dadurch. Aber ich wusste immer noch nicht genau, wer es war. Brandenburg ist sehr geschickt vorgegangen", erwiderte Wolf und zog die Brauen hoch. Der Graf seufzte und blickte auf seinen bibbernden Neffen und seine zitternde Nichte.

„Wir brauchen unbedingt trockene Sachen, sonst holen wir uns die Grippe. Lasst uns ins Gasthaus *Hirsch* gehen. Dort gibt es bestimmt auch eine heiße Suppe für uns", sagte der Graf zu Heinrich, Eva und

Wolf. Dann wandte er sich zu den Soldaten. „Führen Sie Brandenburg ab."

Als der Graf aus dem Wald trat, standen unzählige Männer und Frauen auf der Wiese und warteten auf ihn. Als die Menschen Zeppelin erkannten, wurde es für einen kurzen Augenblick ruhig. Dann erhob sich tosender Beifall.

„Mut! Mut!", rief ein Arbeiter, zog seinen Geldbeutel aus der Hosentasche und warf ihn zum Grafen herüber. Mit Tränen in den Augen fing Ferdinand Graf von Zeppelin den Geldbeutel auf und hielt ihn hoch: „Ich danke euch allen für euer Vertrauen und verspreche euch: Das Luftschiff fährt weiter!"

Lauter Jubel brach aus. „Hoch lebe Zeppelin!", rief eine Frau. „Hoch lebe Zeppelin!", erschall es darauf im Chor.

Heinrich und Eva grinsten sich an. Alles war noch einmal gut gegangen! Und bei der nächsten Fahrt würde sie ihr Onkel als richtige Passagiere mitnehmen! Da waren sie sich ganz sicher.

Lösungen

Die silberne Zigarre
„Liebe Hella! Für mich steht naturgemäß niemand ein, weil niemand den Sprung ins Dunkel wagen will. Wenn der bevorstehende Flug nicht gelingt, sind wir ruiniert."

Eine gigantische Herausforderung
700 Kilometer, geteilt durch 24 Stunden, entspricht einer Durchschnittsgeschwindigkeit von 29 Stundenkilometern.

Die schwimmende Montagehalle
Wolf hat einen Plan von der Wand abgenommen und in seiner Tasche versteckt.

Geheimnisvolle Schritte
Heinrich hat einen Schraubenzieher unter dem Motor entdeckt.

Ein Verräter
Brandenburg ist aus dem Büro gestürzt, in dem der Reporter auf Zeppelin gewartet hat. Er hatte also die Gelegenheit, mit ihm zu sprechen, bevor Graf von Zeppelin das Interview gab.

Ein gefährlicher Plan
Das Sturmglasbarometer auf dem Regal neben Brandenburg zeigt kleine Sterne. Dies deutet auf einen bevorstehenden Sturm hin.

Der Riese erhebt sich
An der Wand hinter Brandenburg fehlt in der Mitte ein Schraubenzieher.

Unfreiwillige Landungen
Es ist Wolf. Eva hat ihn an seiner Glatze erkannt.

Ein schwarzer Tag
Eva hat unter einem Strauch ein Messer entdeckt.

Glossar

Auftrieb: der Schwerkraft entgegengesetzte Kraft, die dafür sorgt, dass Luftschiffe fliegen können. Anfangs sorgte Wasserstoffgas für den Auftrieb des Luftschiffs. Allerdings ist Wasserstoffgas leicht brennbar, deswegen wurde es später durch Helium ersetzt.

Auftriebskörper: der „Bauch" des Zeppelins. Er bestand aus einem Gerippe aus Aluminiumstreben, um das eine beschichtete Stoffwand gezogen wurde. In dem Körper befindet sich in einzeln abgetrennten Gaszellen das Gas, das für den Auftrieb des Luftschiffs sorgt.

Bodensee: größter See Deutschlands, der an der Grenze zwischen Deutschland, Österreich und der Schweiz liegt. Der Bodensee ist ein beliebtes Urlaubsziel.

Friedrichshafen: liegt am nördlichen Ufer in Baden-Württemberg und ist nach Konstanz die zweitgrößte Stadt am Bodensee.

Gas: ist leichter als Luft und sorgt für den Auftrieb des Luftschiffs. Gas hat die Eigenschaft, sich bei Wärme auszubreiten und bei Kälte zusammenzuziehen, weshalb bei hohen Temperaturen Gas abgelassen werden muss, um einen Überdruck zu verhindern.

Gaszellen: Der Gasraum in einem Luftschiff wurde in mehrere kleinere Gaszellen aufgeteilt, um zu verhindern, dass bei einem Leck das gesamte Gas austrat.

Gondel: Die Gondeln boten Platz für die Mitfahrenden und Maschinen. Sie waren fest mit dem Gerippe des Luftschiffs verbunden.

Heißluftballon: Luftfahrzeug, das im Unterschied zu einem Luftschiff nicht gesteuert werden kann, weil es keinen Motor hat. Ferdinand Graf von Zeppelin hat 1863 während eines Aufenthaltes in den USA seinen ersten Ballonaufstieg gemacht. Das brachte ihn auf die Idee, einen „lenkbaren Ballon" zu entwickeln.

Ingenieur: ein studierter Techniker, der Geräte und Maschinen entwickelt

Luftschiff: ein lenkbares Luftfahrzeug mit einem eigenen Antrieb. Luftschiffe gab es noch bis in die 1930er Jahre, danach wurden sie von Flugzeugen abgelöst.

Luftschraubenboot: ein flachliegendes Boot, dessen Propeller sich nicht im Wasser, sondern in der Luft befindet. Der Graf überprüfte die Tauglichkeit der Propeller seines Bootes und übertrug seine Erkenntnisse auf das Luftschiff.

LZ 4: die Abkürzung für *Luftschiff Zeppelin 4*, also für das vierte Luftschiff, das Graf von Zeppelin gebaut hat.

Manzell: Stadtteil von Friedrichshafen. In der Manzeller Bucht wurde die Montagehalle errichtet. Von dort stieg auch der erste Zeppelin auf.

Montagehalle: Die schwimmende Montagehalle auf dem Bodensee wurde bereits 1899 gebaut und konnte sich vor dem Start in Windrichtung drehen.

Monteur: Facharbeiter, der Geräte, Maschinen und Gerüste zusammenbaut

Sturmglas: ein Glasrohr, das mit einer chemischen Flüssigkeit gefüllt ist. Wenn Stürme oder eine Schlechtwetterfront aufziehen, wachsen im Glas Kristalle, bei gutem Wetter bleibt es klar.

Trimmung: das Ausbalancieren von Wasser- oder Luftfahrzeugen in eine stabile und ausgewogene Lage. Ein tonnenschweres Gewicht zwischen den beiden Gondeln sorgte beim Zeppelin dafür, dass sich das Luftschiff hob, senkte oder gleichmäßig fuhr. Beim Start wurde das Gewicht nach hinten, bei der Landung nach vorne verschoben.

Zeppelin: Der Erfolg von Ferdinand Graf von Zeppelins Luftschiffen war so groß, dass sie schon zu seinen Lebzeiten nach ihm benannt wurden.

Zeittafel

8.7.1838	Ferdinand Graf von Zeppelin wird in Konstanz am Bodensee geboren. Er wächst mit seinen Geschwistern im Schloss Girsberg auf.
1853	Besuch des Polytechnikums in Stuttgart
1855	Zeppelin wird Kadett in der Kriegsschule Ludwigsburg.
1858	Leutnant in der württembergischen Armee und Beginn des Studiums der Staatswissenschaft, Maschinenbau und Chemie in Tübingen
1863	Zeppelin nimmt als Beobachter am amerikanischen Bürgerkrieg teil.
1866	Zeppelin wird Generalstabsoffizier.
1869	Heirat mit Isabella Freiin von Wolff in Berlin
1870–1871	Aufgrund seiner Erkundungsritte hinter den feindlichen Linien im deutsch-französischen Krieg wird Zeppelin berühmt.
1879	Geburt der Tochter Helene (Hella)
1891	Zeppelin wird wegen kritischer Äußerungen aus der Armee entlassen.
1898	Patentanmeldung für einen „lenkbaren Luftfahrzug"
1899	Bau des ersten lenkbaren Starrluftschiffs
1900	Die ersten drei Aufstiege der LZ 1 über dem Bodensee

1906	Bau der LZ 2, die allerdings auf ihrer ersten Fahrt durch einen Sturm zerstört wird
1908	Zeppelin erwirbt mit der erfolgreichen Fahrt von LZ 3 wieder die Gunst des Kaisers und wird zum General der Kavallerie ernannt. Die Militärverwaltung kauft das Luftschiff. Im selben Jahr verunglückt das LZ 4 bei Echterdingen.
1909	Gründung der „Luftschiffbau Zeppelin GmbH". Die Zeppeline werden in der zivilen Luftfahrt eingesetzt.
8.3.1917	Ferdinand Graf von Zeppelin stirbt in Berlin.

Ferdinand Graf von Zeppelin und die Luftschifffahrt

Ferdinand Graf von Zeppelin

Ferdinand Graf von Zeppelin stammte aus wohlhabenden Verhältnissen und bekam bereits in frühen Jahren Privatunterricht. Schon als Jugendlicher interessierte er sich sehr für Technik. Mit 17 Jahren begann er seine militärische Laufbahn als Kadett, drei Jahre später wurde er zum Leutnant befördert. Außerdem studierte er in Tübingen Staatswissenschaft, Chemie und Maschinenbau.

Zeppelin hielt sich lange in Nordamerika auf und fuhr während dieser Zeit das erste Mal in einem Heißluftballon, was ihn zur Entwicklung eines lenkbaren Ballons anregte. Zurück in Deutschland, wurde er zum Adjutanten des Königs von Württemberg ernannt. Erst nach Beendigung seiner militärischen Laufbahn konnte er sich der Entwicklung eines „lenkbaren Luftfahrzuges" widmen. Trotz der anfänglichen Fehlschläge gab der Graf nicht auf. Er setzte das gesamte Familienvermögen für die Luftschifffahrt ein. Seine letzte Fahrt machte der Graf mit 77 Jahren, bevor er letztlich an einer Lungenentzündung starb.

Die Luftschiffbau Zeppelin GmbH

Am 5. August 1908 ging Zeppelins viertes Luftschiff auf einer Wiese bei Echterdingen in Flammen auf. Der Graf hatte sein gesamtes Vermögen in die Luftschifffahrt investiert und glaubte beim Anblick des brennenden Giganten, dass er finanziell ruiniert sei. Aber der „schwarze Tag von Echterdingen" löste eine Welle der Hilfsbereitschaft aus. Eine spontane Spendenaktion erbrachte über sechs Millionen Mark. Davon konnte Graf von Zeppelin die *Luftschiffbau Zeppelin GmbH* und die *Zeppelin-Stiftung* gründen.

Bis 1914 beförderte die *Deutsche Luftschifffahrts AG* auf mehr als 1500 Fahrten insgesamt 35 000 Personen. Dann wurde die „silberne Zigarre" von Flugzeugen abgelöst. Aber auch heute noch sind viele Menschen beim Anblick eines Luftschiffs fasziniert.

Viel Wissenswertes über Zeppelin und seine Zeit erfährt man im *Zeppelin Museum* in Friedrichshafen. Das Museum zeigt die weltweit umfangreichste Sammlung zur Technik und Geschichte der Zeppelin-Luftschifffahrt und lohnt einen Besuch.

Die Luftschifffahrt nach Zeppelins Tod

Mit dem Tod Zeppelins endete die Luftschifffahrt keineswegs. Im Jahre 1924 überquerte ein Luftschiff den Atlantik und 1929 umrundete ein Zeppelin sogar die ganze Welt. Das Reisen in einem Luftschiff wurde immer bequemer. Viele reiche und bekannte Menschen fuhren, vor allem in den 1930er Jahren mit einem Zeppelin. Die Schiffskabinen der Passagiere können durchaus mit denen von heutigen Luxusdampfern verglichen werden.

Die „Hindenburg", die mit einem Rauchsalon, einer Bar und Duschen ausgestattet war, ist wohl das bekannteste und eleganteste Luftschiff. Ihr Name ist aber auch mit dem schwersten Unglück der Luftschifffahrt verbunden. Die Hindenburg explodierte am 6. Mai 1937 in der Nähe von New York. Von den 97 Menschen, die an Bord waren, überlebten 62 Menschen wie durch ein Wunder den Absturz.

Ein Experiment

Gas hat eine geringere Dichte als Luft. Man sagt auch, dass Gas leichter als Luft ist. Deswegen fliegt ein mit Gas gefüllter Zeppelin in der Luft.

Wenn du wissen willst, ob Wasser oder Öl eine geringere Dichte hat, mache folgendes Experiment: Nimm ein durchsichtiges Glas oder einen Pappbecher. Fülle zunächst das Wasser und anschließend das Öl in das Glas. Warum vermischen sich die beiden Flüssigkeiten nicht?

Die Flüssigkeiten vermischen sich nicht, weil Wasser eine größere Dichte als Öl hat. Deshalb schwimmt das Öl oben. Wenn du nun kleine Gegenstände (beispielsweise Rosinen, Nägel, Weintrauben, Nudeln) in das Glas legst, werden einige untergehen, andere schwimmen obenauf. Jetzt weißt du, woran das liegt.

Annette Neubauer hat schon als Kind lieber spannende Fälle gelöst, als mit Puppen zu spielen. Noch heute bewundert sie Miss Marple, die mit Witz und Verstand jedes Verbrechen aufklärt. Nach jahrelanger Unterrichtstätigkeit lebt sie heute als freie Kinderbuchautorin. Über Post von Leseratten freut sie sich sehr. Der Verlag leitet eingehende Briefe gerne weiter.

Joachim Krause wurde 1968 in Kempen am Niederrhein geboren und lebt heute mit seiner Frau und seinen beiden Kindern in Jever. Er studierte an der Fachhochschule in Münster Grafikdesign und illustriert seit 1997 freiberuflich Spiele und Kinderbücher für verschiedene Verlage.

TATORT GESCHICHTE

Historische Ratekrimis
Geschichte erleben und verstehen!

Das Orakel des Schamanen
Ein Ratekrimi aus der Steinzeit

Überfall im Heiligen Hain
Ein Ratekrimi aus der Zeit der Germanen

Die Rückkehr des Feuerteufels
Ein Ratekrimi aus der Zeit der Wikinger

Das Geheimnis des Druiden
Ein Ratekrimi aus der Zeit der Kelten

Weitere Titel aus der Reihe:

- Der Mönch ohne Gesicht
- Gefahr für den Kaiser
- Spurensuche am Nil
- Anschlag auf Pompeji
- Falsches Spiel in der Arena
- Fluch über dem Dom
- Der Geheimbund der Skorpione
- Rettet den Pharao!

Loewe

TATORT FORSCHUNG

Ratekrimis mit Aha-Effekt!

Der Fluch von Troja
Im Bann der Alchemie
Explosion in der Motorenhalle

Das Geheimnis der Dracheninsel

Weitere Titel aus der Reihe:

- Anschlag auf die Buchwerkstatt
- Der gestohlene Geigenkasten
- Ein Fall für den Meisterschüler
- Alarm im Laboratorium
- Verrat unterm Sternenhimmel

Loewe

TATORT ERDE

Ratekrimis aus aller Welt!

Verbrecherjagd am Mount Everest

Im Visier der Schmugglerbande

Die Millionen-Dollar-Verschwörung

Diamantenraub um Mitternacht

Weitere Titel aus der Reihe:

- Verschollen im Regenwald
- Jagd auf die Juwelendiebe
- Zum Dinner ohne Alibi
- Koalas spurlos verschwunden!
- Verrat im Tal der Könige
- Der Dieb mit der roten Maske
- Auf der Flucht durch Tokio

Loewe

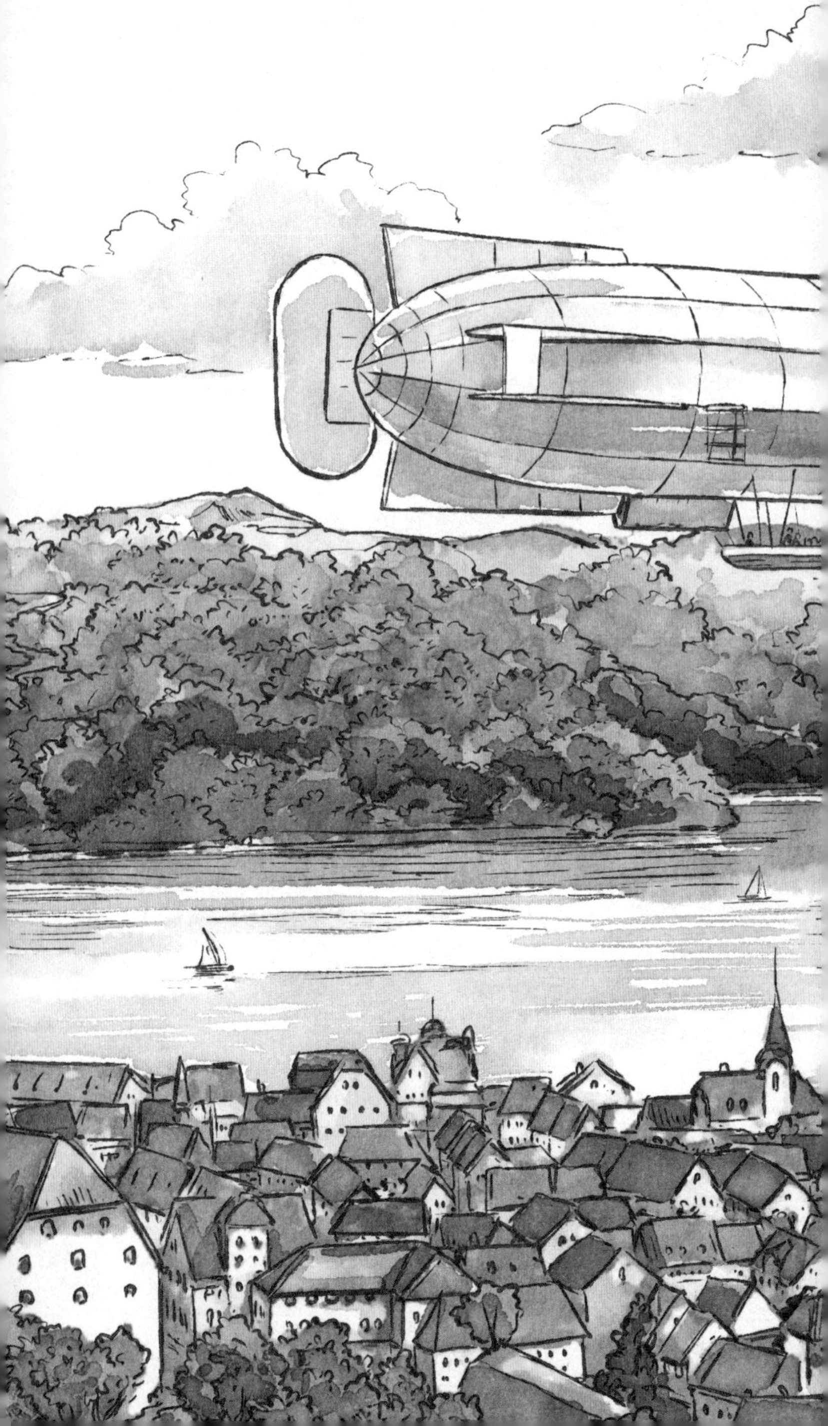